WERNER EHRLICHER

Grenzen der steuerlichen Belastbarkeit
des Produktivvermögens

Wirtschaftspolitische Kolloquien
der Adolf-Weber-Stiftung

Grenzen der steuerlichen Belastbarkeit des Produktivvermögens

Von

Werner Ehrlicher

unter Mitarbeit von Ekkehart Wilk

DUNCKER & HUMBLOT / BERLIN

Alle Rechte vorbehalten
© 1977 Duncker & Humblot, Berlin 41
Gedruckt 1977 bei Berliner Buchdruckerei Union GmbH., Berlin 61
Printed in Germany

ISBN 3 428 03942 4

Vorwort

Die Adolf-Weber-Stiftung wurde im Jahre 1962 gegründet. Ihre Aufgabe ist es, volkswirtschaftliche Tatsachen und Zusammenhänge zu erforschen, ökonomische Grundlagenkenntnisse zu verbreiten und auf diese Weise einer „Wirtschaftspolitik des gesunden Menschenverstandes" zu dienen. Damit setzt sie die Lebensarbeit ihres Namengebers fort.

Ein besonderes Anliegen Adolf Webers war stets die lebendige Verbindung von Praxis und Wissenschaft. Die Stiftung veranstaltet in diesem Sinne Kolloquien zu aktuellen wirtschaftspolitischen Fragen. An ihnen nehmen führende Vertreter der Wirtschaft, der Wirtschaftswissenschaften und der Publizistik sowie aus Politik, Rechtsprechung und Verwaltung teil. Jedes Kolloquium wird durch ein wissenschaftliches Referat eingeleitet, an das sich die Aussprache anschließt.

Um die Ergebnisse dieser Gesprächsrunden den wirtschaftspolitisch Verantwortlichen zugänglich zu machen, darüber hinaus aber auch all jenen, welche sich für solche aktuellen und zugleich grundsätzlichen Probleme interessieren, hat die Stiftung die Veröffentlichung in einer Reihe beschlossen. Der Verlag Duncker & Humblot hat entgegenkommenderweise diese Publikation übernommen. Der besondere Dank der Stiftung gilt dafür dem Inhaber des Verlages, Herrn Professor Dr. Johannes Broermann.

Mit dieser Schrift wird der erste Band der Reihe vorgestellt; ein weiterer wird noch in diesem Jahre folgen. Der erste Band veröffentlicht die Ergebnisse eines Kolloquiums, das im November 1975 in München stattfand. Er bringt das Referat[*] von

---

[*] Erweiterte Fassung eines Vortrages im Kolloquium der Adolf-Weber-Stiftung am 20. 11. 1975 in München.

Professor Dr. Werner Ehrlicher, welches vom Autor auf den neuesten Stand gebracht wurde. Es folgen die Ergebnisse der Aussprache, die nach systematischen Gesichtspunkten zusammengefaßt wurden.

Diese Veröffentlichungsreihe bringt, vor allem in den veröffentlichten Referaten, wissenschaftlich fundierte Diskussionsbeiträge. Sie verzichtet jedoch bewußt auf eine Vertiefung sämtlicher aufgeworfener Fragen, wie sie nur in umfangreicheren Monographien möglich wäre. Hier soll vielmehr einerseits ein Überblick über die Problematik gegeben, zum anderen sollen Lösungsansätze aufgezeigt werden, welche sich gerade im Gespräch zwischen Praxis und Wissenschaft ergeben haben. Daß dieser heute oft vernachlässigte Dialog sich verstärke, ist das Anliegen der Kolloquien und ihrer Veröffentlichung in dieser Reihe. Wirtschaftspolitik bedarf gerade heute weder allein der Errichtung von eindrucksvollen Lehrgebäuden noch der theoriefernen „politischen Tat". Wissenschaft und Praxis müssen in jener rationalen Tatkraft ihre Einheit finden, welche allein die Leistungen unserer Wirtschaft zum Wohle aller Bürger halten und steigern kann.

Adolf-Weber-Stiftung

Inhaltsverzeichnis

I. Einführung 11

1. Ziele der Steuerreform 1975 11

2. Steuerreform und Wirtschaftsablauf 12

3. Die steuerliche Belastung des Produktivvermögens 14

4. Grenzen der steuerlichen Belastung 15

II. Steuersystematische Einordnung und Kumulation der Steuerbelastung 18

1. Die Unternehmensbesteuerung 18

2. Die ertragsabhängigen Steuern 19

   a) Die Verflechtung der ertragsabhängigen Steuern ... 19

   b) Das Aufkommen der ertragsabhängigen Steuern im Konjunkturverlauf 22

   c) Steuersystematische Kritik der ertragsabhängigen Steuern 23

3. Die vermögensabhängigen Steuern 29

   a) Das System der vermögensabhängigen Steuern 29

   b) Steuersystematische Überlegungen zur Vermögenssteuer 32

   c) Argumente gegen das System der vermögensabhängigen Steuern 34

Inhaltsverzeichnis

III. Das Ziel der Geldwertstabilität als Grenze der Besteuerung 39

1. Die Steuerüberwälzung 39
2. Der steuerpolitisch bedingte Inflationsprozeß 41
3. Die Verteilung des Sozialprodukts als Machtproblem.. 43

IV. Das Wirtschaftswachstum als Belastungsgrenze 46

1. Wirkungen auf die Investitionstätigkeit 46
2. Das Problem der Steuerflucht 51
3. Gefahr des Substanzeingriffs durch Besteuerung von Scheingewinnen 54

V. Schlußbemerkung 56

Literaturverzeichnis 58

Ergebnisse der Aussprache

I. Die heutige Abgabenbelastung des Produktivvermögens, insbesondere durch vermögensabhängige Steuern und Steuerkumulation 62

II. Investitionsmotive und Steuerbelastung 64

III. Investitionsverzicht aus Steuergründen 68

IV. Steuerdruck als Finanzierungsproblem 72

V. Vermögensabhängige Steuern — eine konjunkturelle
   Gefahr? 74

VI. Inflation durch Steuern? 76

VII. Außenwirtschaft, Wettbewerbsfähigkeit, Steuern 78

VIII. Verringerung der Belastung? 79

IX. Rechtliche Grenzen steuerlicher Belastbarkeit des
    Produktivvermögens 81

I. Einführung

1. Ziele der Steuerreform 1975

Nach den Beschlüssen der Bundesregierung vom 11. Juni 1971 über „Eckwerte und Grundsätze" für die Steuerreform 1974 sollte diese Reform — wie das Geleitwort des damaligen Bundesministers für Wirtschaft und Finanzen Karl Schiller überschrieben war — „Eine soziale Reform" werden. Diese Reform nahm in Anspruch, „eines der bedeutendsten und umfassendsten Reformvorhaben nicht nur dieser Legislaturperiode, sondern der deutschen Nachkriegsgeschichte in Angriff genommen" zu haben. Das Ziel wurde wie folgt formuliert: „Das Steuerrecht, die Besteuerung der Bürger, soll einfacher und übersichtlicher, soll vor allem gerechter werden. Ich weiß, daß beide Ziele in einem gewissen Widerspruch zueinander stehen. Deshalb haben wir eine eindeutige Priorität gesetzt: Diese Reform soll nach dem Willen der Bundesregierung soviel soziale Gerechtigkeit wie irgend möglich verwirklichen[1]." Auch im Geleitwort des Bundesministers der Finanzen Hans Apel zur Verabschiedung der Gesetze zur „Steuerreform 1975 — Reform der Einkommen- und Lohnsteuer, des Familienlastenausgleichs und der Sparförderung" heißt es: „Die Steuerreform soll vor allem die steuerlichen Lasten gerechter verteilen. Ab 1. Januar 1975 werden untere und mittlere Einkommen ... fühlbar entlastet. Wer ein hohes Einkommen bezieht, soll künftig stärker als bisher zur Finanzierung der öffentlichen Lasten beitragen ... Auch große Vermögen werden seit 1. Januar 1974 maßvoll höher besteuert, kleine und mittlere Vermögen dagegen werden stärker als bisher

---

[1] Presse- und Informationsamt der Bundesregierung, Bulletin Nr. 95 vom 23. 6. 1971, S. 995.

geschont." Das Geleitwort des parlamentarischen Staatssekretärs beim Bundesminister der Finanzen Konrad Portzner ist mit „Steuerreform nach sozialem Konzept" überschrieben[2].

In der Öffentlichkeit wurde diese Zielstellung oft dahingehend interpretiert oder — über diese Zielstellung hinausgehend — gefordert, durch die Ausgestaltung der Steuerreform solle die „Belastbarkeit der Wirtschaft" getestet werden. Diese Forderung nach einer stärkeren Belastung „der Wirtschaft" kann, wenn man nach klassischer Vorstellung davon ausgeht, daß das Produktionsergebnis aus dem Zusammenwirken der Produktionsfaktoren Arbeit, Boden und Kapital resultiert, als Forderung nach einer stärkeren steuerlichen Belastung des *Produktivvermögens*, worunter die Produktionsfaktoren Boden und Kapital zu subsumieren wären, interpretiert werden.

2. Steuerreform und Wirtschaftsablauf

Die Reform der Vermögensteuer wurde zum Jahresbeginn 1974, die Reform der Einkommensteuer zum Jahresbeginn 1975 in Kraft gesetzt. Insbesondere hinsichtlich des letzteren Zeitpunktes wurde wiederholt betont, daß die Reform damit ausgesprochen gut „in die konjunkturelle Landschaft" passe. Dieser Hinweis zielte auf die Entlastungswirkungen der Steuerreform in der Größenordnung von 12 - 15 Mrd. DM, die sich aus der geringeren Belastung der niedrigeren Einkommen ergaben. Man erwartete, daß die Entlastung der niedrigeren Einkommen und die damit verbundene Steigerung der Verfügungseinkommen zu verstärkten Ausgaben und damit zu einer Belebung der Konjunktur führen würden. Diese Belebung trat — jedenfalls zunächst — nicht ein und es kam nur zu einer beträchtlichen Steigerung der Spartätigkeit. Auf der anderen Seite trug die stärkere Belastung der höheren Einkommen und der höheren

---

[2] Presse- und Informationsamt der Bundesregierung, Bulletin Nr. 90 vom 30. 7. 1974, S. 898 ff.

2. Steuerreform und Wirtschaftsablauf 13

Vermögen sicher dazu bei, daß die Investitionstätigkeit, von der eine dauerhafte Belebung der Konjunktur in erster Linie ausgehen muß, eher behindert wurde. Insoweit paßte die Steuerreform also sicher nicht in die konjunkturelle Landschaft. Im Herbst 1975 setzte dann zögernd — vor allem von einer starken Belebung der Auslandsnachfrage und einer mäßigen Zunahme der binnenwirtschaftlichen Konsumgüternachfrage getragen — ein neuer Aufschwung ein. Die Auftriebskräfte blieben allerdings während des ganzen Jahres 1976 gedämpft, insbesondere ging die hohe Arbeitslosigkeit nur geringfügig zurück. Dies führte zur Verbreitung der Einsicht, daß diese Arbeitslosigkeit weniger konjunkturell als strukturell bedingt ist und daß ihre Überwindung nur bedingt durch bessere Auslastung der vorhandenen Kapazitäten möglich ist, sondern in erster Linie von der Schaffung neuer Kapazitäten — und d. h. von einer Steigerung der Investitionstätigkeit — abhängig ist.

Diese Feststellungen sollen nicht dahingehend verstanden werden, daß wir in der stärkeren Belastung des Produktivvermögens, die sich aus den Regelungen der Steuerreform 1975 ergab, die wesentliche Ursache sähen, die einen schnelleren Wiederaufstieg verhindert haben. Die Investitionsbereitschaft der Unternehmungen ist von einer außerordentlichen Vielfalt von Faktoren abhängig und es ist schwierig zu sagen, welche dieser Faktoren zu einem bestimmten Zeitpunkt dominieren. Daß Art und Höhe der Besteuerung des Produktivvermögens eine wichtige Determinante der Investitionstätigkeit sind, steht jedoch außer Zweifel.

In diesem Sinne ist es auch bezeichnend, daß gegenwärtig mehrere Vorschläge diskutiert werden, die auf eine Entlastung der Besteuerung des Produktivvermögens hinauslaufen.

Die nachstehenden Darlegungen sollen einen Überblick über die Hauptprobleme der Besteuerung des Produktivvermögens geben. Wir sind uns dabei darüber im klaren, daß sich jedes einzelne der angesprochenen Probleme sehr viel weiter vertiefen ließe, und wir uns deshalb darauf beschränken müssen, die einschlägigen Sachverhalte, Zusammenhänge und Argumente zu diskutieren.

3. Die steuerliche Belastung des Produktivvermögens

Die in der Öffentlichkeit häufig gebrauchte Formulierung der „steuerlichen Belastung des Produktivvermögens" bedarf zunächst einer gewissen Interpretation, da man aus formaler Sicht als Steuern auf das Produktivvermögen oder — wie wir das Produktivvermögen aufgegliedert haben — als Steuern auf die realen Produktionsfaktoren Boden und Kapital zunächst nur jene Steuern verstehen kann, die das Betriebsvermögen oder die Erträge des Betriebsvermögens bzw. bestimmte Teile derselben zur Bemessungsgrundlage haben. Eine solche Abgrenzung wäre wenig sachgerecht, da man generell davon ausgehen kann, daß der Gesetzgeber — auch wenn er das Vermögen als Bemessungsgrundlage wählt — als Steuerquelle auf die *Vermögenserträge* abstellt. Eine materielle Vermögensteuer, d. h. also eine Steuer, die auf das Vermögen als Steuerquelle zielt, mag zwar in bestimmten wirtschaftlichen Situationen aus verteilungspolitischen oder sonstigen wirtschafts- oder gesellschaftspolitischen Gründen angebracht erscheinen; als Element eines auf dauerhafte Erzielung von Staatseinnahmen gerichteten Steuersystems wäre sie jedoch wenig sinnvoll, da mit einem anhaltenden Eingriff in die Vermögenssubstanz die Steuerquelle zerstört würde.

Im Rahmen eines modernen Steuersystems wird das Produktivvermögen also nicht in erster Linie durch reale Vermögensabgaben, sondern vielmehr durch Besteuerung der Vermögenserträge belastet. Auch diese Interpretation wäre allerdings noch zu eng bzw. zu unbestimmt, denn eine Isolierung von Vermögenserträgen im Sinne einer eindeutigen Zurechnung eines Ertrags zu einem bestimmten Vermögensbestand ist nur für das Finanzvermögen, nicht jedoch für das Produktivvermögen möglich. Die Erträge des Produktivvermögens, die regelmäßig aus der Kombination mehrerer Produktionsfaktoren im Unternehmen anfallen, sind also ein nicht näher abgrenzbarer Anteil des allgemeinen Unternehmensertrags. Dementsprechend werden diese Erträge des Produktivvermögens auch nicht nur durch vermögensabhängige Steuern, sondern letztlich durch alle Steuern belastet, die von den Unternehmen zu entrichten sind. *Wenn daher von einer steuerlichen Belastung des Produktivvermögens gesprochen wird, ist es sinnvoll und notwendig davon auszugehen, daß das Produktivvermögen letztlich durch alle Steuern, die ein Unternehmen zu zahlen hat, belastet werden kann.*

4. Grenzen der steuerlichen Belastung

Wenn unser Thema in dieser Richtung also sehr weit aufgefaßt werden muß, so ist hinsichtlich der Frage nach den *Grenzen* der Belastbarkeit eine Einschränkung geboten. Grenzen der Belastbarkeit lassen sich aus mehreren Fragestellungen bzw. Kriterien ableiten. Es ist daher hervorzuheben, daß hier nur nach den Grenzen der Belastbarkeit aus *volkswirtschaftlicher* Sicht gefragt werden soll, d. h. also, daß gesamtwirtschaftliche Gesichtspunkte im Vordergrund stehen werden. Aus juristischer oder betriebswirtschaftlicher Sicht wären andere Aspekte zu behandeln.

Aus volkswirtschaftlicher Sicht läßt sich eine exakte Grenze der Belastbarkeit nicht in dem Sinne aufzeigen, daß diese Grenze beispielsweise bei einem Spitzensatz der Einkommensteuer von 50 % läge. Man kann immer nur nach Wirkungen fragen, die auftreten, wenn die Belastung durch bestimmte Steuern stärker ansteigt; dabei gibt es keine Wirkungen, die bei einem Spitzensatz von 45 % noch gar nicht auftreten, sich bei einem Satz von 55 % aber vehement bemerkbar machen würden.

Eine absolute Aussage über die Belastungsgrenze läßt sich nur insoweit machen, daß diese Grenze dann überschritten ist, wenn die Steuerlast die erwirtschafteten Erträge übersteigt und es zu

Substanzeingriffen kommt. Steuern, die nach ihrer Konstruktion zwangsläufig in die Vermögenssubstanz eingreifen, können — wie einleitend schon erwähnt wurde — nicht Bestandteil eines rationalen Steuersystems sein, da sie zur Zerstörung der Steuerquelle führen und sich damit selbst aufheben. Die Gefahr des Substanzeingriffs kann also in einem sinnvoll konstruierten Steuersystem nur aus dem Zusammenwirken der Vielzahl der Unternehmensteuern resultieren und auch hieraus nur unter besonderen strukturellen und konjunkturellen Bedingungen auftreten.

Von dieser Überlegung ausgehend soll im folgenden zweiten Teil dieser Untersuchung die Kumulation der Steuerlast unter besonderer Berücksichtigung der Veränderungen im Konjunkturverlauf dargestellt werden. Die einzelnen Unternehmensteuern sollen dabei unter steuersystematischen Gesichtspunkten auf ihre Existenzberechtigung und die Angemessenheit ihrer Ausgestaltung kritisch beleuchtet werden.

Für die weitere Untersuchung ist dann davon auszugehen, daß eine Grenze der Belastbarkeit nicht erst bei einem Substanzeingriff erreicht wird; von diesem Punkt an wird die Steuer finanzpolitisch — im engsten fiskalischen Sinne — unsinnig. Aus volkswirtschaftlicher Sicht ist eine Belastungsgrenze schon dann erreicht, wenn die Besteuerung den Wirtschaftsablauf ernsthaft stört. Das Kriterium „Störung des Wirtschaftsablaufs" durch die Besteuerung ist allerdings von geringer Aussagekraft, da bei der Höhe des heutigen Finanzbedarfs von jeder Form der Ausgestaltung des Steuersystems Wirkungen ausgehen werden, die als „störend" empfunden werden. Die Ausgestaltung des Steuersystems muß sich daher immer an bestimmten fiskalischen und wirtschaftspolitischen Zielstellungen orientieren. Als Kriterium für die Belastungsgrenze könnte daher die Verletzung eines dieser gesamtwirtschaftlichen Ziele angesehen werden.

Als wichtigste gesamtwirtschaftliche Ziele, die von einer überhöhten Besteuerung des Produktivvermögens negativ beeinflußt werden können, sind einerseits die *Geldwertstabilität* und andererseits das *wirtschaftliche Wachstum* anzusehen. Entsprechend werden wir uns im dritten Teil mit den negativen Wirkungen der Besteuerung des Produktivvermögens auf die Geldwertstabilität und im vierten Teil mit einer möglichen Gefährdung des wirtschaftlichen Wachstums befassen.

II. Steuersystematische Einordnung und Kumulation der Steuerbelastung

1. Die Unternehmensbesteuerung

Das Produktivvermögen bzw. dessen Ertrag wird in unserem Steuersystem durch eine Reihe von Steuern belastet. Wegen der verschiedenen Anrechnungsvorschriften der Einzelsteuern handelt es sich bei der Kumulation nicht um eine reine Addition, sondern um das Ergebnis eines interdependenten Gefüges verschiedener Elemente des Steuersystems.

Bei der Behandlung der Zahllast eines Unternehmens — auch formale Inzidenz genannt — werden Anpassungsvorgänge nach der Absatz- wie auch nach der Bezugsseite hin, d. h. also Preis- und Kostenreaktionen, außer Ansatz gelassen.

Insofern können Untersuchungen über die formale Inzidenz lediglich erste Anhaltspunkte über die steuerliche Belastung des Produktivvermögens liefern.

Die Zahllast eines Unternehmens setzt sich zusammen aus

a) ertragsabhängigen

b) vermögensabhängigen und

c) umsatz- oder verbrauchsabhängigen Steuern.

Zu a): In die Kategorie der ertragsabhängigen Steuern fallen die Einkommensteuer, die Körperschaftsteuer und die Gewerbeertragsteuer, die die wichtigste Teilkomponente der Gewerbesteuer darstellt.

Zu b): Zu den vermögensabhängigen Steuern zählen vor allem die Vermögensteuer, die Grundsteuer und die Gewerbekapitalsteuer. (Die Lastenausgleichsabgaben und die Erbschaftsteuer sollen außer Ansatz bleiben.)

Zu c): In die dritte Kategorie der Steuern auf Umsatz und Verbrauch fallen neben der Mehrwertsteuer die speziellen Verbrauchsteuern. Diese Steuern werden bei Belastungsrechnungen im allgemeinen ausgeklammert, weil man — wie es auch der Absicht des Gesetzgebers entspricht — davon ausgeht, daß sie in den Preisen weitergewälzt werden. Diese Hypothese ist nur bedingt richtig, denn es sind sehr wohl Konstellationen denkbar, in denen diese Steuern nicht oder zumindest nicht in vollem Umfang überwälzt werden können. Die Diskussion dieser Probleme würde jedoch eine außerordentliche Ausweitung unserer Fragestellung und eine Komplizierung der Darlegungen bedeuten, die in keinem angemessenen Verhältnis zu dem erreichbaren Aussagewert der zu erzielenden Ergebnisse stünden. Deshalb sollen diese Steuern in den folgenden Überlegungen außer Ansatz gelassen und nur die ertrags- und die vermögensabhängigen Steuern in ihrer wechselseitigen Abhängigkeit behandelt werden.

2. Die ertragsabhängigen Steuern

a) Die Verflechtung der ertragsabhängigen Steuern

Die Belastung der Unternehmungen mit ertragsabhängigen Steuern — also Einkommensteuer, Körperschaftsteuer und Gewerbeertragsteuer — ist abhängig von

— der Rechtsform der Unternehmung
— der Struktur der Aktiva und Passiva
— der Finanzierungsstruktur
— der Gewinnverwendung
— der Inanspruchnahme steuerlicher Vergünstigungen.

Die *Rechtsform* der Unternehmungen ist dafür maßgebend, ob das Unternehmen der Körperschaftsteuer oder der Einkommensteuer unterliegt.

II. Einordnung und Kumulation der Steuerbelastung

Bei Kapitalgesellschaften beträgt der Körperschaftsteuersatz für einbehaltene Gewinne 56 %, für ausgeschüttete 36 %. Bei Personalunternehmen, die der Einkommensteuer unterliegen, variiert der Grenzsteuersatz infolge der Steuerprogression zwischen 0 und 56 % des zu versteuernden Gewinns.

Die Rechtsform kann sich auf die effektive Gewinnbelastung durch die Gewerbeertragsteuer auswirken, da der zu zahlende Steuerbetrag von der Bemessungsgrundlage der Einkommen- bzw. Körperschaftsteuer absetzbar ist. Insofern vermindert sie als Aufwandsposten den steuerpflichtigen Gewinn und reduziert die effektive Belastung in Abhängigkeit vom Grenzsteuersatz. Unterliegt eine Personalgesellschaft dem Spitzensteuersatz von 56 %, ergibt sich kein Belastungsunterschied im Vergleich zu einer Kapitalgesellschaft. Jedoch in dem Ausmaß, in dem der Spitzensteuersatz eines einkommensteuerpflichtigen Unternehmens infolge sinkenden Gewinns abnimmt, nimmt die effektive relative Gewerbesteuerbelastung im Vergleich zu einem körperschaftsteuerpflichtigen Unternehmen zu.

Die *Struktur der Aktiva und Passiva* ist insofern von Bedeutung, als die Gewinnermittlung durch Gegenüberstellung der Aktiva und Passiva erfolgt und auf beiden Bilanzseiten verschiedene Arten von Korrekturen möglich sind. Eine Abweichung zwischen tatsächlichem Periodenerfolg und der zugrunde gelegten Steuerbemessungsgrundlage beeinflußt die effektive Steuerbelastung. Durch eine steuerlich zulässige Unterbewertung der Aktiva und/oder Überbewertung der Passiva ist die Steuerbemessungsgrundlage geringer als der tatsächliche Periodenerfolg, so daß die effektive relative Belastung des Gewinns unter der des Steuersatzes liegt. Werden aus wirtschaftspolitischen Gründen erhöhte Abschreibungen, die über dem wirtschaftlich bedingten Werteverzehr liegen, zugelassen, liegt eine Unterbewertung der Aktiva vor, die den steuerpflichtigen Gewinn reduziert. Eine Überbewertung der Passiva kann durch Pensionsrückstellungen oder Wertberichtigungen verursacht werden. Die Anwendung

2. Die ertragsabhängigen Steuern

des Niederstwertprinzips durch die Zulassung der Bewertung zu Teilwerten führt einerseits dazu, daß sich abzeichnende Verluste sofort steuermindernd abgesetzt werden, während stille Reserven, die in den verschiedenen Aktiva enthalten sind, erst bei einer Veräußerung aufgedeckt und dann — infolge des ermäßigten Steuersatzes für Veräußerungsgewinne — einer niedrigeren Belastung unterliegen, als es der Fall gewesen wäre, wenn sie dem laufenden Einkommen zugerechnet worden wären.

Abweichungen zwischen tatsächlichem Periodenerfolg und steuerlicher Bemessungsgrundlage ergeben sich jedoch auch in umgekehrter Richtung mit der Folge, daß die relative Steuerbelastung über den durchschnittlichen Steuersatz ansteigt. Werden bei steigenden Preisen lediglich Abschreibungen von den Anschaffungswerten zugelassen, oder werden bestimmte Aufwendungen — wie etwa Spesen und Werbegeschenke — steuerlich nicht voll anerkannt, so kann der steuerpflichtige Gewinn auch über dem echten Unternehmenserfolg liegen.

Die Struktur der betrieblichen Aktiva ist auch im Rahmen der Gewerbeertragsteuer relevant, da bei der Berechnung der steuerlichen Bemessungsgrundlage 1,2 % des Einheitswertes der zum Betriebsvermögen gehörenden Grundstücke vom Gewinn abgesetzt werden dürfen[1], so daß bei bodenintensiven Unternehmen die effektive Gewerbeertragsteuerbelastung in Relation zu weniger bodenintensiven Unternehmen reduziert wird.

Die *Finanzierungsstruktur* wirkt sich auf die Besteuerung dadurch aus, daß bei einem unterschiedlichen Verhältnis von Eigen- und Fremdkapital der Unternehmenserfolg durch die Einkommen- bzw. Körperschaftsteuer verschieden besteuert wird, da die Zinsen auf Fremdkapital nicht steuerpflichtig, die Dividendenausschüttungen bzw. Gewinnentnahmen steuerpflichtig sind. Darüber hinaus ist die Finanzierungsstruktur für die effektive Be-

---

[1] Vgl. § 9 Ziff. 1, GewStGes. i. d. F. vom 15. 8. 1974, BGBl. I, S. 1971.

lastung durch die Gewerbeertragsteuer relevant, da die Zinsen auf Dauerschulden in die Bemessungsgrundlage Gewerbeertrag eingehen.

Die *Gewinnverwendung* ist bei Körperschaften von Bedeutung, da hier der ausgeschüttete Gewinn mit einem niedrigeren Satz belegt wird als der einbehaltene Gewinn, wenn auch die relative Bedeutung dieses Aspektes durch die Körperschaftsteuerreform abgenommen hat.

Die *Inanspruchnahme steuerlicher Vergünstigungen* schließlich hat — etwa bei Vornahme als förderungswürdig anerkannter Investitionen — eine Minderung der effektiven steuerlichen Belastung zur Folge, die entweder über eine Verringerung der Bemessungsgrundlage oder durch Abzüge von der Steuerschuld erfolgt.

b) Das Aufkommen der ertragsabhängigen Steuern im Konjunkturverlauf

Die *Entwicklung des Aufkommens* der ertragsabhängigen Unternehmungsteuern ist von der Bemessungsgrundlage her zunächst antizyklisch und insofern aus konjunkturpolitischer Sicht positiv zu beurteilen. Es ist allerdings zu berücksichtigen, daß die Veranlagung der Unternehmungsteuern mit einer erheblichen zeitlichen Verzögerung erfolgt. Ein antizyklischer Verlauf des Aufkommens ergibt sich daher nur, wenn die Vorauszahlungen relativ schnell der tatsächlichen Entwicklung der Erträge angepaßt würden. Es ist anzunehmen, daß sich die Unternehmungen ihrerseits im Konjunkturabschwung bei rückläufigen Erträgen um eine schnelle Anpassung bemühen, während sie es im Konjunkturaufstieg weniger eilig haben dürften. Angesichts der kurzen Dauer der konjunkturellen Zyklen kann die Veranlagung und die Nachzahlung für die vorangegangene Aufschwungsperiode jeweils in die folgende Rezessionsphase fallen, so daß sich daraus eine gewisse Gegenbewegung ergibt. Statistisch kann man jedoch eine eindeutige antizyklische Bewegung des

Aufkommens der veranlagten Einkommensteuer und der Körperschaftsteuer konstatieren. Die Schwankungen im Steueraufkommen sind dabei allerdings aufgrund der dargelegten Zusammenhänge geringer als die Ausschläge der Gewinnentwicklung.

c) Steuersystematische Kritik der ertragsabhängigen Steuern

Die moderne *Einkommensteuer* steht am Ende einer langen steuerpolitischen Entwicklung, die als ein Weg zur immer weiteren Durchsetzung des Leistungsfähigkeitsprinzips interpretiert werden kann[2]. Im Rahmen der Einkommensbesteuerung findet das Prinzip der Belastung nach der persönlichen Leistungsfähigkeit seine bisher weitestgehende Realisierung. Auch soweit — bei grundsätzlicher Ausgestaltung der Einkommensteuer nach diesem Prinzip — eine darüber hinausgehende Korrektur in der Lastverteilung erwünscht ist, lassen sich derartige redistributionspolitische Gesichtspunkte im Rahmen der Einkommensbesteuerung berücksichtigen. Insofern kann man zunächst grundsätzlich feststellen, daß die Einkommensteuer den aktuellen staats-, gesellschafts- und steuerpolitischen Vorstellungen entspricht.

Kritische Einwendungen gegen die Einkommensteuer richten sich daher auch nicht gegen ihre Existenz oder den progressiven Tarifverlauf — auf mögliche Wirkungen eines überhöhten Tarifs wird später einzugehen sein —, sondern nur gegen bestimmte Elemente der Ausgestaltung, die zu Ungleichmäßigkeiten in der Besteuerung führen.

Bei der veranlagten Einkommensteuer und der Körperschaftsteuer — und damit bei der Unternehmensbesteuerung — bestanden lange Zeit gegenüber der Lohnsteuer Vergünstigungen durch die großzügigere Definition der Betriebsausgaben gegenüber den Werbungskosten. Dadurch war es möglich, gewisse

---

[2] W. Ehrlicher, Wandlung der Steuerordnungen, Finanzarchiv, N. F., Bd. 27, S. 49 ff.

Aufwendungen der Lebenshaltung als Betriebsausgaben zu deklarieren und sie der Besteuerung zu entziehen. In den jüngeren Steueränderungsgesetzen wurden immer wieder Versuche unternommen, hier eine weitere Angleichung zu erreichen. Eine volle Beseitigung des „Gestaltungsprivilegs", das bei der Veranlagung besteht, wird sich nicht realisieren lassen.

Kritische Einwendungen wurden auch gegen die oben angedeutete Möglichkeit der Gewinnmanipulation durch entsprechend gezielte Bewertung der Aktiva und Passiva und die dadurch mögliche Bildung steuerfreier stiller Reserven vorgetragen. Das Argument, daß die Bildung stiller Reserven, wie sie auch durch Vornahme erhöhter Abschreibungen zustande kommen, nur zu einer Steuerverschiebung und keiner Steuerminderung führe, ist insofern ungenau, als mit einer Steuerverschiebung Zinseinsparungen verbunden sind, ferner im Verlaufe eines Inflationsprozesses bei verschobener Steuerzahlung Entwertungsgewinne auftreten und bei Steuersenkungen später eine geringere Steuerschuld anfällt. Echte Steuerersparnisse treten auch auf, wenn die stillen Reserven erst im Zusammenhang mit einer Veräußerung des Unternehmens aufgelöst werden und mit dem niedrigeren Steuersatz für Veräußerungsgewinne belastet werden.

So störend derartige Gestaltungsmöglichkeiten — insbesondere wenn sie von Abschreibungsgesellschaften systematisch ausgenützt werden — sein mögen, wäre doch gegen Bewertungs- und Abschreibungsvorschriften, die die Bildung von stillen Reserven weitgehend ausschlössen, einzuwenden, daß solche Regelungen zu einer Überbesteuerung führen würden, wenn die Abschreibungen bei schnellerer Entwertung der Produktionsanlagen zu gering wären, und die Risiken der Unternehmen durch die Einschränkung des finanziellen Handlungsspielraums außerordentlich steigern würden. Auch eine Besteuerung der Veräußerungsgewinne mit den normalen Steuersätzen, die in den genannten Fällen von Mißbrauch natürlich angebracht wäre, würde häufig zu unzumutbaren Härten führen.

2. Die ertragsabhängigen Steuern

In diesem Zusammenhang ist auch die oft massiv vorgetragene Kritik gegen die steuerneutrale Übertragung der bei Veräußerung aufgedeckten stillen Reserven auf andere Investitionsgüter, wie sie nach §§ 6 b, 6 c EStG in bestimmtem Umfang zulässig ist, zu relativieren. Diese Regelungen wurden damit begründet, daß der steuerliche Zugriff bei derartigen Übertragungen die Mobilität und die Anpassung an strukturelle Änderungen produktionstechnischer und regionaler Art verhindern würde. Soweit die Kritik an diesen Regelungen berechtigt ist, trifft sie nicht so sehr den mangelnden Zugriff bei der Auflösung der stillen Reserven, sondern müßte sich mehr gegen die Regelungen richten, die die Möglichkeiten der Ansammlung unvertretbarer stiller Reserven erlauben.

In den hier genannten Fällen sind der Steuerpolitik für die Erreichung des Ziels der Gleichmäßigkeit der Besteuerung Grenzen gesetzt, da die Bedingungen in den Unternehmen so vielfältig sind und sich so schnell ändern, daß die Besteuerung einen gewissen Spielraum lassen muß, wenn sie nicht alle Möglichkeiten des Auffangens unvorhergesehener Entwicklungen in den Unternehmungen verhindern will.

Eine besonders eingehende Diskussion hat in den vergangenen Jahren die Problematik der Besteuerung der Vermögenszuwächse, der sogenannten capital gains, insbesondere der Bodenwertzuwachsgewinne, erfahren. Die von verschiedenen Seiten zunächst vorgelegten Vorschläge zur steuerlichen Erfassung des Wertzuwachses erwiesen sich bei näherer Diskussion schwer realisierbar, und die zunächst geplanten Gesetzgebungsvorhaben wurden immer weiter reduziert, bis sie schließlich endgültig zurückgestellt wurden. Die Problematik ist außerordentlich vielschichtig und beginnt schon damit, daß mit einer solchen Besteuerung verschiedene Ziele verfolgt werden können: So ist bei der Bodenwertzuwachssteuer eine gänzlich andere Ausgestaltung nötig, wenn eine solche Steuer entweder bodenpolitische oder verteilungspolitische Ziele verfolgen soll. Andere Schwierigkeiten tauchen bei der Frage auf, ob nur realisierte oder auch nicht-

II. Einordnung und Kumulation der Steuerbelastung

realisierte Bodenwertzuwächse der Besteuerung unterliegen sollen. Die größten Schwierigkeiten einer Realisierung derartiger Steuerpläne würden wohl in der Lösung des Bewertungsproblems bestehen[3].

Während die Einkommensteuer und die Körperschaftsteuer (nach der nunmehr in Kraft getretenen Reform) in ihrer Existenz und grundsätzlichen Ausgestaltung unbestritten sind, wird die *Gewerbeertragsteuer* aus steuersystematischen Gründen allgemein abgelehnt. Die Gewerbeertragsteuer ist vom Aufkommen her die stärkste Komponente der Gewerbesteuer. (Vom Ertrag der gesamten Gewerbesteuer, der im Jahre 1975 mit 21 Mrd. DM mehr als doppelt so hoch wie das Aufkommen der Körperschaftsteuer war, entfallen etwa 70 % auf die Gewerbeertragsteuer, der Rest zu etwa gleichen Teilen auf die Gewerbekapital- und die Lohnsummensteuer). Von der Ausgestaltung her ist die Gewerbeertragsteuer jedoch diejenige Komponente der Gewerbesteuer, die den Anforderungen an eine Kommunalsteuer — und als solche war die Gewerbesteuer ja gedacht — am wenigsten entspricht.

Als traditionelle Kriterien der Eignung einer Steuer als Gemeindesteuer gelten zum einen die Radizierbarkeit, d. h. der Bezug zu den örtlichen Gegebenheiten, zum anderen die Konjunkturunempfindlichkeit. In jüngerer Zeit wird zuzüglich auf möglichst geringe Streuung des Steueraufkommens zwischen den Gemeinden Gewicht gelegt. Die Konjunkturunempfindlichkeit wird gefordert, um eine kontinuierliche Aufgabenerfüllung der kleineren Gebietskörperschaften zu erleichtern, da diese sich in ihrer Kreditaufnahme eher prozyklisch als antizyklisch zu verhalten geneigt sind. Die Forderung nach Radizierbarkeit ist in der äquivalenztheoretischen Begründung der Gemeindesteuern

---

[3] Für eine eingehendere Information vgl. das ausführliche Gutachten des Wissenschaftlichen Beirats beim Bundesministerium der Finanzen, „Probleme und Lösungsmöglichkeiten einer Bodenwertzuwachsbesteuerung", Schriftenreihe des Bundesministeriums der Finanzen, Heft 22, Bonn 1976.

2. Die ertragsabhängigen Steuern

angelegt. Diese Begründung besagt, daß die Gemeindesteuern einen Ausgleich für die Kosten, die der Gemeinde durch die Betriebe entstehen oder auch für den Sondernutzen, den die Betriebe aus den infrastrukturellen Leistungen der Gemeinden ziehen, darstellen sollen. Um dieser Bedingung zu genügen, müssen für die Steuerbemessung Indikatoren gewählt werden, die entweder der Kostenbelastung der Gemeinden durch die Betriebe oder dem Nutzen, den die Betriebe aus den kommunalen Leistungen ziehen, Rechnung tragen. Diese Bedingung erfüllen jedoch nur die Gewerbekapital- und die Lohnsummensteuer, da deren Bemessungsgrundlagen als annehmbare Indikatoren für die Inanspruchnahme gemeindlicher Leistungen durch die Betriebe und damit als Maßstab für den angestrebten Kostenersatz gelten können. Beim Gewerbeertrag ist eine derartige Beziehung nicht gegeben: Während der Gewinn im Konjunkturverlauf starken Schwankungen unterliegt, dürfte die Nutzung infrastruktureller Leistungen relativ stetig sein. Außerdem weist das Aufkommen der Gewerbeertragsteuer eine sehr hohe Streuung zwischen den Gemeinden auf.

Nach der Gemeindefinanzreform von 1970 haben die Gemeinden 40 % des Gewerbesteueraufkommens an Bund und Länder abzuführen und erhalten dafür 14 % des Aufkommens aus der Einkommensteuer. Durch diese Regelung wird zwar die Finanzausstattung der Gemeinden verbessert und die örtliche Streuung des Steueraufkommens vermindert, die steuersystematischen Bedenken gegen die Gewerbeertragsteuer werden durch diese Änderung der Aufkommensverteilung jedoch nicht beseitigt, da die mangelnde Eignung der Gewerbeertragsteuer als Gemeindesteuer ja nicht besagen muß, daß sie als Bundes- oder Ländersteuer geeigneter wäre. Als Bundes- und Ländersteuer würde sie neben die Hauptsteuern dieser Gebietskörperschaften, die Einkommen- und Körperschaftsteuer, treten. Damit wäre zunächst die Frage nach der Beziehung zu diesen Steuern und darüber hinaus die Frage nach der Rechtfertigung der Gewerbesteuer in dieser neuen Zuordnung zu prüfen.

II. Einordnung und Kumulation der Steuerbelastung

Der wesentlichste Unterschied zwischen der Bemessungsgrundlage der Gewerbeertragsteuer und der Einkommensteuer besteht — abgesehen davon, daß persönliche Verhältnisse des Steuerpflichtigen nicht berücksichtigt werden — darin, daß Schuldzinsen nicht als Betriebsausgaben absetzbar sind und damit als Ertrag gelten; damit wird ein Einfluß der Finanzierungsstruktur auf die Steuerpflicht ausgeschaltet. Der in dieser Ausgestaltung angelegte Realsteuercharakter muß die Gewerbeertragsteuer zunächst als Steuer für die größeren Gebietskörperschaften nicht ungeeignet machen. Man könnte als Begründung für eine derartige Steuer auf den Gedanken einer generellen Äquivalenz für die Leistungen überörtlicher Körperschaften im Gegensatz zur speziellen Äquivalenz für Leistungen der örtlichen Gebietskörperschaften zurückgreifen[4]. Eine andere Art der Rechtfertigung bietet sich an, wenn man die Gewerbeertragsteuer als eine Art Betriebsteuer auffassen und argumentieren würde, daß der Ertrag eines Betriebes unter anderen Bedingungen zustande kommt als persönliches Einkommen und daß deshalb eine zusätzliche Belastung des Betriebsergebnisses vertretbar sei.

Gegen diese beiden denkbaren Versuche einer Rechtfertigung der Gewerbeertragsteuer als Steuer überörtlicher Körperschaften ließen sich vielfältige Bedenken, insbesondere in Hinblick auf die Stellung zur Einkommen- und Körperschaftsteuer, anmelden. Sie sollen hier nicht näher diskutiert werden. Die Steuerreformkommission hat aufgrund der steuersystematischen Bedenken gegen die Gewerbeertragsteuer ihre gänzliche Abschaffung vorgeschlagen[5]. Wenn die Regierung bzw. das Parlament diesem Vorschlag nicht gefolgt ist, lag dies weniger an der geringeren

---

[4] Der Verfasser hat in diesem Sinne versucht, die Umsatz- bzw. Mehrwertsteuer mit dem Prinzip der „Anlastung volkswirtschaftlicher Gemeinkosten" zu begründen. Vgl. W. Ehrlicher, Die deutsche Finanzpolitik seit 1924, Bonn 1961, S. 20 f.; derselbe, Wandlung der Steuerordnungen, a. a. O., S. 64 ff.

[5] Gutachten der Steuerreformkommission 1971, Schriftenreihe des Bundesministeriums der Finanzen, Heft 17, Bonn 1971, S. 741, Ziff. 216.

Gewichtung der steuersystematischen Bedenken als an der Frage, wie der dadurch auftretende Steuerausfall gedeckt werden könne[6].

Neben diesen allgemeineren steuersystematischen Einwendungen gegen die Gewerbeertragsteuer wäre speziell in Hinblick auf die Belastungsgrenze des Produktivvermögens noch anzuführen, daß die Gewerbeertragsteuer aufgrund der Nichtabsetzbarkeit der Fremdkapitalzinsen keine reine ertragsabhängige Steuer ist, sondern in gewissem Umfang Züge einer ertragsunabhängigen Besteuerung trägt. Ein Unternehmen hat also auch dann, wenn es keinen Gewinn erzielt hat, sich aber noch nicht so weit in der Verlustzone befindet, daß die Fremdkapitalzinsen kompensiert werden, Gewerbeertragsteuern zu zahlen und damit Substanzeingriffe hinzunehmen. Soweit gilt aus der Sicht des Themas die im folgenden vorzutragende Kritik gegen die vermögensabhängigen Steuern auch gegen die Gewerbeertragsteuer.

3. Die vermögensabhängigen Steuern

a) Das System der vermögensabhängigen Steuern

Die vermögensabhängigen Steuern sind im Rahmen unserer Frage nach den Grenzen der Belastung des Produktivvermögens insofern von besonderer Bedeutung, als sie aufgrund der Eigenart ihrer Bemessungsgrundlage, die eine Ertragsunabhängigkeit zur Folge hat, zu einem Substanzeingriff führen können und damit dem eingangs herausgestellten Grundprinzip eines rationalen Steuersystems — Verhinderung der Zerstörung der Steuerquelle — widersprechen.

---

[6] Die Bundesregierung „verkennt nicht, daß die an der Gewerbesteuer geübte Kritik z. T. berechtigt ist. Nach dem Kabinettsbeschluß vom 11. Juni 1971 muß jedoch die Reduzierung und Umgestaltung der Gewerbesteuer in Zusammenhang mit der Harmonisierung der ‚indirekten Besteuerung' in der EWG gesehen werden. Eine grundlegende Reform der Gewerbesteuer soll hiernach zum jetzigen Zeitpunkt nicht erfolgen". Presse- und Informationsamt der Bundesregierung, Bulletin Nr. 95 vom 22. Juni 1971, S. 1031.

II. Einordnung und Kumulation der Steuerbelastung

Das System der vermögensabhängigen Steuern setzt sich in der Bundesrepublik aus der Vermögensteuer, der Grundsteuer, der Gewerbekapitalsteuer, der Erbschaftsteuer und den Lastenausgleichsabgaben zusammen. (Die Gewerbeertragsteuer hat zwar mit der Besteuerung der Zinskosten — wie im letzten Abschnitt dargestellt wurde — gewisse ertragsunabhängige Akzente. Dies beruht jedoch auf einer für ertragsabhängige Steuern im allgemeinen unüblichen Definition des Ertragsbegriffes und nicht auf einer Vermögensabhängigkeit.)

Die Lastenausgleichsabgaben und die Erbschaftsteuer sollen in der folgenden Betrachtung außer Ansatz bleiben. Die Lastenausgleichsgesetzgebung war eine kriegsfolgebedingte einmalige Regelung, die ausläuft. Die Erbschaftsteuer nimmt insofern eine Sonderstellung ein, als sie zu keiner laufenden Belastung des Produktivvermögens führt, sondern nur aus dem besonderen Anlaß des Erbüberganges anfällt. Insofern gilt hier das Prinzip der Unzulässigkeit des Substanzeingriffs zunächst grundsätzlich nicht. Wir wollen damit natürlich nicht sagen, daß ein bei jedem Generationenwechsel (bei höheren Steuersätzen gravierender) Eingriff in die Substanz des Produktivvermögens ökonomisch unproblematisch ist. Die Frage nach der Rechtfertigung und den Wirkungen einer Erbschaftsteuer in ihren verschiedenen möglichen Formen würde jedoch die Prüfung von Argumenten und Zusammenhängen erfordern, die z. T. ganz anderer Art sind, als sie für laufend erhobene Steuern gelten. Es verbleiben somit die Vermögensteuer, die Grundsteuer und die Kapitalertragsteuer.

Vermögensteuer einerseits und Grundsteuer sowie Gewerbekapitalsteuer andererseits werden mit grundverschiedenen Prinzipien begründet: Die Vermögensteuer wird mit dem für unser Steuersystem maßgeblichen Leistungsfähigkeitsprinzip, die Grundsteuer und die Gewerbekapitalsteuer werden — wie oben schon angedeutet wurde — mit dem Äquivalenzprinzip begründet. Aufgrund dieser unterschiedlichen Rechtfertigung ist zunächst die gleichzeitige Belastung des gleichen Objekts Vermögen mit verschiedenen Steuern grundsätzlich zulässig.

3. Die vermögensabhängigen Steuern

Für die Höhe der Belastung der einzelnen Unternehmen mit den drei verschiedenen Steuern ist die Struktur des Betriebsvermögens maßgebend. Das Nebeneinander dieser Steuern ist dabei in seinem wechselseitigen Zusammenhang zwar differenziert, aber doch entsprechend der jeweiligen Rechtfertigung der einzelnen Steuern nach eindeutigen Prinzipien geordnet.

Die deutsche Vermögensteuer ist — wie schon angedeutet — ihrer Idee nach als Vermögensertragsteuer konzipiert und wird mit dem Leistungsfähigkeitsprinzip begründet. Insofern ist das Nettovermögen Bemessungsgrundlage, d. h. die Verbindlichkeiten können von der Steuerbemessungsgrundlage abgesetzt werden.

Die Grundsteuer und die Gewerbekapitalsteuer sind ihrer Idee nach Soll-Ertragsteuern und werden mit dem Äquivalenzprinzip begründet. Das Grundvermögen und das Gewerbekapital gelten als Indikatoren der Kosten, die der Gemeinde durch die Lage der Grundstücke und der Betriebe entstehen, wie auch des besonderen Nutzens, der den Betrieben durch die infrastrukturellen Leistungen der Gemeinden zufließen. Insofern ist es konsequent, daß das Grundvermögen bzw. das Gewerbekapital als Bruttogröße, d. h. ohne Abzug von Verbindlichkeiten als Bemessungsgrundlage gewählt werden.

Die Gefahr des Substanzeingriffs durch die vermögensabhängigen Steuern hat sich nach der jüngsten Steuerreform verschärft, da die Vermögensteuer seitdem im Rahmen der Einkommensteuer nicht mehr abzugsfähig ist. Diese Steuerrechtsänderung schien zunächst — insbesondere da der Tarif der Vermögensteuer gleichzeitig von 1 % auf 0,7 % gesenkt wurde — hinsichtlich der Belastung des Produktivvermögens nicht gravierend. Erst die anhaltende Rezession, die zu einem weiteren Rückgang der Gewinne führte und viele Unternehmungen in die Verlustzone brachte, ließ die Problematik der vermögensabhängigen Steuern, die in Zeiten guter Konjunktur als unbedenkliche Belastung des Produktivvermögens angesehen werden, deutlicher werden. Inzwischen wird die Notwendigkeit einer Entlastung der Unternehmen von ertragsunabhängigen Steuern nicht nur von den Unternehmern gefordert, sondern hat auch in den Überlegungen der Regierung, einen gewissen Teil der aus der geplanten Mehrwertsteuererhöhung zu erwartenden Steuermehreinnahmen für die Entlastung von vermögensabhängigen Steuern zu verwenden, Niederschlag gefunden.

Da die aktuelle Kritik sich insbesondere gegen die Vermögensteuer richtet, erscheint es angezeigt, zunächst einige Überlegungen über die Rechtfertigung der Vermögensteuer anzustellen.

b) Steuersystematische Überlegungen zur Vermögensteuer

Die Vermögensteuer wird mit zwei verschiedenen Argumenten gerechtfertigt:

— die Vermögenserträge haben im Vergleich zu Arbeitseinkommen eine höhere Leistungsfähigkeit

— der Vermögensbestand als solcher repräsentiert — unabhängig von Vermögenserträgen — eine besondere steuerliche Leistungsfähigkeit.

Die höhere Leistungsfähigkeit der Vermögenseinkommen wird damit begründet, daß Vermögenserträge „arbeitsloses" Einkommen in dem Sinne darstellen, daß die subjektive Anstrengung zur Erzielung eines derartigen Einkommens im Vergleich zum Arbeitseinkommen relativ gering sei. Diese Begründung würde es zunächst nahelegen, nicht den Vermögensbestand, sondern den Vermögensertrag als Bemessungsgrundlage zu wählen. Dies wäre zu erreichen, wenn man im Rahmen der Einkommensteuer für Vermögens- und Arbeitseinkommen — wie etwa in Großbritannien — verschiedene Steuersätze wählen und auf diese Weise das fundierte Einkommen im Rahmen der Einkommensteuer stärker belasten würde. Bei dieser Ausgestaltung

3. Die vermögensabhängigen Steuern 33

läge keine vermögensabhängige Steuer vor, so daß die Problematik des Substanzeingriffs hier nicht auftreten würde.

Für die Wahl des Vermögens als Bemessungsgrundlage auch bei Rechtfertigung durch eine höhere Leistungsfähigkeit der Vermögenserträge spricht, daß die Abgrenzung von Arbeits- und Vermögenserträgen gerade hinsichtlich des Produktivvermögens sehr schwierig und mit hohem administrativem Aufwand verbunden ist. Da nur eine mäßige Zusatzbesteuerung des fundierten Einkommens erreicht werden soll, wird die relativ rohe Form der Soll-Ertragsteuer mit dem Vermögen als Bemessungsgrundlage für gerechtfertigt gehalten.

Gegen die Begründung der Vermögensteuer mit der besonderen Leistungsfähigkeit der Vermögenserträge wird eingewandt, daß in hochindustrialisierten Gesellschaften die Anzahl derjenigen, die ausschließlich Vermögenserträge beziehen, tendenziell abnimmt, während die Vermögenserträge derjenigen, die vorwiegend Arbeitseinkommen beziehen, tendenziell zunimmt.

Die zweite Form der Rechtfertigung, die in der Existenz eines Vermögensbestandes — unabhängig vom Ertrag des Vermögens — eine besondere Leistungsfähigkeit sieht, geht davon aus, daß die Existenz des Vermögens eine unmittelbare Bedürfnisbefriedigung spezieller Art vermittelt, indem es „Sicherheit, Einfluß und Ansehen, Kreditfähigkeit usw." gewährt[7].

Man könnte gegen diese Rechtfertigung der Vermögensteuer einwenden, daß die Einkommen, die für die Vermögensbildung verwendet wurden, der Besteuerung unterlegen haben und es daher nicht gerechtfertigt ist, die sich im Gefolge einer bestimmten Art der Einkommensverwendung — nämlich der Vermögensbildung — ergebenden zusätzlichen Bedürfnisbefriedigungsmöglichkeiten erneut der Besteuerung zu unterwerfen. Noch wichtiger erscheint der Einwand, daß zum einen das Vermögen heute nicht mehr in dem Maße wie in früheren Zeiten Ansehen

---

[7] H. Haller, Die Steuern, 2. Auflage, Tübingen 1971, S. 42.

und Einfluß vermittelt, sondern daß die gesellschaftliche Stellung mehr von der beruflichen Position abhängt, die ihrerseits stärker mit dem Einkommen korreliert; zum anderen ist das Argument der höheren Sicherheit angesichts der heute gegebenen sozialen Vorsorgesysteme fragwürdig geworden. In Zeiten stärkerer Geldentwertung bieten heute die sozialen und betrieblichen Vorsorgesysteme u. U. höhere Sicherheit als ein Vermögensbestand.

c) Argumente gegen das System der vermögensabhängigen Steuern

Auch wenn man die zuletzt genannten Argumente gegen die Vermögensteuer nicht akzeptiert und eine — allerdings sicher mäßig zu haltende — Vermögensbesteuerung akzeptiert, sind gegen die Ausgestaltung des Systems der vermögensabhängigen Steuern die nachstehenden Bedenken anzumelden.

aa) Die einzelnen Vermögensteile werden unterschiedlich belastet.

bb) Die Vermögenserträge werden — angesichts der zwischen den einzelnen Wirtschaftsbereichen stark voneinander abweichenden Kapitalprofitraten — unterschiedlich belastet.

cc) Von diesen Steuern gehen prozyklische Wirkungen aus.

Zu aa): Sowohl im Rahmen der Vermögensteuer als auch bei der Besteuerung von Realvermögen durch Grund- oder Gewerbekapitalsteuer treten erhebliche Diskrepanzen dadurch auf, daß die Einheitswerte des Betriebsvermögens den Marktwerten in der Regel sehr viel näher liegen als die Einheitswerte des Grundvermögens — auch wenn man für letztere die neue Bewertung zugrunde legt. Das führt dazu, daß gleich hohe Vermögensmassen — bewertet zu Marktpreisen — einer verschieden hohen Steuerlast unterliegen, wenn sie sich unterschiedlich aus Finanz-, Betriebs- und Grundvermögen zusammensetzen. Hier wäre eine Angleichung anzustreben, die — angesichts der weiter

3. Die vermögensabhängigen Steuern

gegen die vermögensabhängigen Steuern vorgetragenen Einwände — eher in einer Senkung der höheren als in einer Anhebung der niedrigeren Belastung zu suchen wäre.

Zu bb): Noch größeres Gewicht für die unterschiedliche Belastung als die Struktur des Vermögens hat das Verhältnis des Betriebsvermögens zum Bruttogewinn. Wir müssen in der Realität davon ausgehen, daß sich die in der Theorie oft unterstellte Angleichung der Kapitalprofitraten in allen Verwendungsbereichen des Kapitals nicht durchsetzt. Es kann im Gegenteil sogar als typisch angesehen werden, daß in den einzelnen Branchen verschieden hohe — vor allem aufgrund unterschiedlicher Risiken — Kapitalprofitraten bestehen.

So ist z. B. die Kapitalprofitrate in kapitalintensiven Bereichen der Mineralölindustrie oder der Stahlindustrie im allgemeinen wesentlich niedriger als in kapitalextensiven Dienstleistungsbereichen mit hoher Kapitalumschlagsgeschwindigkeit. Die vermögensabhängigen Steuern führen daher bei verschiedenen Unternehmen und Branchen zu einer sehr unterschiedlichen Belastung der Vermögenserträge, die ja im Rahmen eines rationalen Steuersystems die Steuerquelle sein sollten.

Um den Zusammenhang an einem Beispiel zu demonstrieren: Bei einer Kapitalprofitrate von 2 % wird der Unternehmensertrag bei einem Vermögensteuersatz von 1 % bereits mit 50 % belastet, so daß die über 50 % hinausgehende Belastung durch Körperschaft- und Gewerbesteuer zu einer Gesamtbelastung von über 100 % führt. In diesem Fall käme es also zu Substanzeingriffen. Auf der anderen Seite wird der Ertrag eines kapitalextensiven Unternehmens mit einer Kapitalprofitrate von 20 % durch die Vermögensteuer nur mit 5 % belastet.

Aus dieser unterschiedlichen Belastung der Erträge verschiedener Unternehmungen können sich — wie später noch darzustellen ist — strukturell unerwünschte Wirkungen auf das Wirtschaftswachstum ergeben.

Zu cc): Aufgrund der festen Bemessungsgrundlage bleibt die Höhe der vermögensabhängigen Steuern im Konjunkturverlauf konstant. Gemessen am Vermögensertrag, aus dem die Steuer ja bezahlt werden muß, ändert sich die Belastung für das Unternehmen im Konjunkturverlauf prozyklisch. Die Steuerbelastung des Unternehmensertrags durch vermögensabhängige Steuern nimmt im Konjunkturaufschwung ab, da der Ertrag schneller steigt als das Vermögen, während die Belastung im Konjunkturabschwung gemessen am Ertrag ansteigt. Wir kommen damit zu einer prozyklischen Wirkung, die der Intention der antizyklischen Finanzpolitik zuwiderläuft. Besonders negativ ist bei den vermögensabhängigen Steuern zu beurteilen, daß diese Steuern auch noch dann zu zahlen sind, wenn bei der Unternehmung überhaupt keine Gewinne mehr anfallen. In diesem Fall kommt es in der Höhe der Steuer zu einem Substanzeingriff.

Diese Gefahr des Substanzeingriffs wurde durch die im Rahmen der Steuerreform vorgenommene Streichung der Abzugsfähigkeit der Vermögensteuer wesentlich verschärft. Die Abzugsfähigkeit der Vermögensteuer bei der Einkommensteuer schränkt die Möglichkeit des Substanzeingriffs insofern wesentlich ein, als die Vermögensteuer, wenn kein Gewinn vorliegt, zwar zu zahlen ist, als Verlustvortrag aber die zu zahlende Einkommensteuer in späteren Jahren wieder mindert.

Die Abzugsfähigkeit der Vermögensteuer als Sonderausgabe vom Gesamtbetrag der Einkünfte bei der Einkommensteuer wird in der Literatur häufig abgelehnt[8]. Als Begründung führt Haller zum einen an, daß die horizontale Gerechtigkeit durch dieses Verfahren verletzt würde, da sich dadurch „eine einkommensteuerliche Entlastung (ergibt), deren Umfang bei gleicher Höhe der Vermögensteuer von der einkommensteuerlichen Grenzbelastung abhängt". Weiterhin argumentiert er, „daß zwei denselben Tatbestand belastende Steuern prinzipiell unabhängig

---

[8] z. B. H. Haller, Die Steuern, S. 349. Gutachten der Steuerreformkommission 1971, S. 641 f., Ziff. 97.

3. Die vermögensabhängigen Steuern

voneinander bleiben sollten, so daß Änderungen des Satzes der einen Steuer die Belastungswirkung der anderen nicht tangieren. Nur so kann die gesamte Belastungswirkung klar erkannt werden und nur so ist man in der Lage, mit beiden Steuern unabhängig zu operieren."

Beide Argumente sind nur bedingt stichhaltig, da sie nur auf den Fall abstellen, daß ein Vermögen besteuert wird, das tatsächlich einen Ertrag abwirft, oder zumindest unterstellen, daß der Besitzer eines Vermögens, wenn dieses während eines bestimmten Zeitraums einmal keinen Ertrag abwirft, mehr oder weniger hohe Einkünfte aus anderen Quellen bezieht, die ihm die Aufbringung der Vermögensteuer ermöglichen.

Um die Berechtigung der Absetzbarkeit der Vermögensteuer zu prüfen, muß nochmals auf die beiden oben dargelegten Argumente ihrer Rechtfertigung rekurriert werden.

So einleuchtend eine stärkere Belastung „fundierter" Einkommen durch die Verwendung des Hilfsindikators Vermögensbestand zunächst erscheinen mag —, wenn das Vermögen keine Erträge abwirft, dann erweist sich dieser Hilfsindikator Vermögensbestand als untauglich, da kein Einkommen vorhanden ist und damit auch der Grund für eine zusätzliche Belastung entfällt.

Auch die zweite Begründung, die auf die steuerliche Leistungsfähigkeit des Vermögensbestandes als solchen abstellt, berücksichtigt die Situation, daß das Produktivvermögen keine Erträge abwirft oder daß gar Verluste auftreten, nicht. In einer derartigen Situation ist es problematisch, von einem Zusatznutzen des Vermögensbestandes zu sprechen. Das Vermögen wäre in dieser Situation in der Regel nur mit hohen Verlusten liquidisierbar; auch als Basis für eine Kreditaufnahme ist es dann meist ungeeignet.

Diese Überlegungen legen den Schluß nahe, daß auch vermögensabhängige Steuern nur erhoben werden dürften, wenn tatsächlich ein Ertrag anfällt. Dies würde darauf hinauslaufen, eine ertragsunabhängige Steuer mit ertragsabhängigen Elementen zu kombinieren. Eine Regelung, die die Vermögensteuerpflicht unmittelbar vom Anfall eines Ertrages abhängig macht, würde dem Sinn der Steuer zu sehr widersprechen. Die Abzugsfähigkeit als Sonderausgabe bei der Einkommensteuer erscheint als eine praktikable Näherungslösung, die die Nachteile des Substanzeingriffs vermögensabhängiger Steuern bei schlechter Ertragslage dadurch abschwächt, daß die Vermögensteuer in den Verlustvortrag oder -rücktrag eingehen kann.

III. Das Ziel der Geldwertstabilität als Grenze der Besteuerung

1. Die Steuerüberwälzung

In der vorstehenden Erörterung der Entwicklung der Steuerbelastung im Konjunkturverlauf wie auch in den steuersystematischen Überlegungen wurde unterstellt, daß der Steuerpflichtige, der die Steuer zahlt, diese auch zu tragen hat. Bei jeder Form der Besteuerung ist aber damit zu rechnen, daß sie bei den Betroffenen Reaktionen auslöst, die dahin zielen, die Steuerbelastung auf andere Gruppen zu überwälzen. Es ist daher zu prüfen, ob durch eine verstärkte steuerliche Belastung des Produktivvermögens Überwälzungsvorgänge ausgelöst werden, die sich in einer allgemeinen Preissteigerung niederschlagen.

Die Steuerüberwälzungslehre gehört zu einem der schwierigeren Kapitel der Finanzwissenschaft. Auch ist man hier ziemlich ausschließlich auf die theoretische Modellargumentation angewiesen, da die empirische Überprüfung von Überwälzungsthesen kaum möglich ist. Zum einen ist es schwierig, von den unterschiedlichen Faktoren, die auf die Gewinnentwicklung einwirken, die steuerliche Einflußnahme zu isolieren, zum anderen ist es unwahrscheinlich, daß Bestimmungsfaktoren einer vergangenen Entwicklung mit gleicher Intensität in der Zukunft wirksam werden. Für Prognosezwecke sind empirische Untersuchungen daher wenig geeignet.

Die mikroökonomische Überwälzungslehre untersucht die Wirkungen von Steueränderungen auf die Struktur der relativen Preise, die makroökonomische Überwälzungslehre die Wirkungen auf das Preisniveau, den Beschäftigungsstand und das Wirtschaftswachstum. Da die Fragestellung des Themas in

40 III. Das Ziel der Geldwertstabilität als Grenze der Besteuerung

letztere Richtung zielt, wird im folgenden vom makroökonomischen Ansatz ausgegangen.

Die makroökonomische Inzidenz-Theorie unterscheidet sich von der mikroökonomischen dadurch, daß nicht nur die Reaktionen der Betroffenen — also die Entzugseffekte der Besteuerung — berücksichtigt, sondern daß auch die Wirkung der Verausgabung der Steuererträge durch den Staat — also die Ausgabeeffekte — in die Betrachtung einbezogen werden.

Bei dieser Betrachtungsweise wird also gefragt, in welchem Umfang auf der einen Seite durch den Entzugseffekt der Besteuerung und die damit verbundene Minderung der privaten Verfügungseinkommen die private Konsum- oder Investitionsgüternachfrage zurückgedrängt wird und in welchem Umfang auf der anderen Seite durch die Verausgabung der Steuererträge die monetäre Gesamtnachfrage gesteigert wird. Ist der Saldo zwischen Ausgabeeffekt und Entzugseffekt positiv, dann ergibt sich eine Steigerung der monetären Nachfrage, die zu einer Steigerung der Beschäftigung und/oder des Preisniveaus führt. Eine Steigerung der Beschäftigung tritt dann auf, wenn freie Kapazitäten vorhanden sind und nicht zu erwarten ist, daß Unternehmungen angesichts der allgemeinen Wirtschaftssituation eine nachfrageseitige Erhöhung des Preissetzungsspielraums sofort zu einer Anhebung der Preise ausnützen. Sind diese Bedingungen nicht gegeben, dann hat die Zunahme der monetären Gesamtnachfrage eine Steigerung des Preisniveaus zur Folge.

Eine Steuerüberwälzung im makroökonomischen Sinne beruht also nicht auf Preis-Mengen-Reaktionen einzelner Unternehmer und wirkt sich nicht in Preisveränderungen auf einzelnen Märkten aus; sie besteht auch nicht darin, daß die von erhöhten Steuern betroffenen Unternehmen diese in jedem Falle weiterwälzen können und ihre Nettogewinn-Situation damit unverändert bleibt; makroökonomische Überwälzung bedeutet vielmehr, daß aufgrund der Steigerung der monetären Gesamtnachfrage der volkswirtschaftliche *Gesamt*gewinn steigt. Die

Steigerung des Preisniveaus und die damit verbundene Erhöhung des volkswirtschaftlichen Gesamtgewinns kann dabei sehr wohl so strukturiert sein, daß die von der Steuer besonders betroffenen Unternehmungen die erhöhte Steuerbelastung u. U. nicht oder nur zu einem kleinen Teil weiterwälzen können, während andere Unternehmungen von der Zunahme der monetären Gesamtnachfrage in besonderem Maße profitieren.

2. Der steuerpolitisch bedingte Inflationsprozeß

Die mit der makroökonomischen Überwälzung verbundene Steigerung des allgemeinen Preisniveaus bedeutet eine Geldentwertung bzw. eine Zunahme der Inflationsrate.

Der durch die Steuererhöhung eingeleitete Prozeß muß mit einer einmaligen Anhebung des Preisniveaus nicht abgeschlossen sein. Die Gewerkschaften beziehen heute nach längerfristiger Gewöhnung an den Inflationsprozeß mit Selbstverständlichkeit nicht nur die aktuellen, sondern auch die erwarteten Preissteigerungsraten in ihre Lohnforderungen mit ein. Setzen sie eine entsprechende Lohnerhöhung durch, dann folgt auf die Weiterwälzung der Unternehmungsteuern in Form gestiegener Preise nun die Rückwälzung auf die Unternehmungen in Form gestiegener Lohnkosten. Setzen die Gewerkschaften die entsprechenden Forderungen durch, dann muß umgekehrt wieder damit gerechnet werden, daß die Unternehmen ihrerseits versuchen, die erhöhten Lohnkosten durch erneute Preissteigerungen abzuwälzen.

Die Erhöhung der steuerlichen Belastung des Produktivvermögens durch ertrags- oder vermögensabhängige Steuern kann also über die Preis-Lohn-Spirale einen anhaltenden Inflationsprozeß auslösen. Dieser Prozeß kommt dann zu einem Ende, wenn sich entweder die Unternehmen und/oder die Konsumenten (letztere über ihre indirekte Interessenvertretung durch die Gewerkschaften) damit abfinden, daß der Staat über die erhöhte steuerliche Belastung einen höheren Anteil am Sozialprodukt an sich zieht, und die beiden Interessengruppen eine Einigung darüber erreichen, ob dieser Anteil — unabhängig davon, wem er formal zunächst angelastet wird — durch Einschränkung des bisher entweder den Arbeitgebern oder den Arbeitnehmern zustehenden Anteils gewonnen werden soll.

Der Inflationsprozeß wird anhalten, solange die beteiligten Gruppen das jeweils erreichte Ergebnis nicht akzeptieren; die Geldentwertung kann sich, wie wir es seit vielen Jahren erleben — wobei dieser aktuelle Prozeß nicht monokausal auf die erhöhte Unternehmensbesteuerung zurückgeführt werden soll — unbegrenzt fortsetzen. Dabei kann es sehr wohl sein, daß der Staat seine Absicht, einen höheren realen Anteil des Sozialprodukts an sich zu ziehen, nicht realisieren kann, da auch die erhöhten Steuereinnahmen der Geldentwertung unterliegen.

Angesichts derartiger endloser Vor- und Rückwälzungen stellt sich die Frage, ob eine Antwort, wer die Steuer endgültig zu tragen hat, überhaupt möglich ist. Diese Frage läßt sich einfacher beantworten, wenn man die Zusammenhänge nicht in ihrem prozessualen Ablauf, sondern in ihrer funktionellen Abhängigkeit sieht.

In diesem Sinne hätten wir davon auszugehen, daß das Sozialprodukt — wenn wir die außenwirtschaftlichen Verflechtungen außer Ansatz lassen — von der Verwendungsseite zwischen Staatsverbrauch, Investitionen und Konsum aufgeteilt wird.

Das Volkseinkommen verteilt sich auf die Gruppen Unternehmer und Arbeitnehmer. Durch Besteuerung zweigt der Staat von beiden Einkommensarten, d. h. von Lohn und Gewinn, einen Teil für sich ab.

Entscheidend für das Verständnis der Überwälzungsvorgänge und der dabei auftretenden inflationären Prozesse ist nun, daß zwischen der Verwendung des Sozialprodukts und der Verteilung des Volkseinkommens ein relativ enger Zusammenhang besteht. Wenn der Staat das erhöhte Steueraufkommen zur Steigerung der Staatsausgaben verwendet und nicht — etwa aus konjunkturpolitischen Gründen — stillegt, dann bedeutet dies, daß er einen höheren Anteil am realen Sozialprodukt an sich ziehen will. In der Wahl einer bestimmten Steuer kommt die Absicht des Staates zum Ausdruck, auf Kosten welcher Gruppe er seinen Anteil am Sozialprodukt erhöhen will. Diese Absicht kann er jedoch — und das ist das entscheidende — nur realisieren, wenn es ihm gleichzeitig gelingt, die Verwendung des Sozialprodukts entsprechend zu ändern.

Da hier keine geschlossene Überwälzungslehre vorgetragen, sondern das Problem nur angerissen werden soll, können die Komplikationen außer Ansatz gelassen werden, die sich dadurch ergeben, daß Gewinneinkommen auch für Konsum verwendet werden und daß die Arbeitnehmer über ihre Ersparnisse zur Finanzierung der Investitionen beitragen. Unter diesen vereinfachten Annahmen kann der Staat seinen Anteil auf Kosten der Unternehmergewinne nur erhöhen, wenn es ihm gelingt, die Investitionstätigkeit zu reduzieren; auf der anderen Seite kann der Staat seinen Anteil auf Kosten der Arbeitnehmer nur vergrößern, wenn er es erreicht, den realen Konsum zurückzudrängen.

3. Die Verteilung des Sozialprodukts als Machtproblem

Anders ausgedrückt bedeutet dies, daß die Unternehmungen ihren Widerstand gegen die höhere Besteuerung in der Weise durchsetzen, daß sie ihre Investitionstätigkeit im bisherigen Umfang aufrechterhalten. Da ihnen über die Steuererhöhung zunächst Eigenmittel entzogen wurden, können sie dies nur über vermehrte Kreditaufnahme. Die Arbeitnehmer können der beabsichtigten Einschränkung ihrer Konsumausgaben nicht in gleicher Weise durch erhöhte Kreditaufnahme Widerstand entgegensetzen; ihr Widerstand äußert sich in der Anmeldung erhöhter Lohnforderungen.

Aus dieser realwirtschaftlichen Sicht stellt sich die Überwälzungsproblematik als ein Kampf der Ansprüche an das Sozialprodukt dar. Mit der Auslösung eines Inflationsprozesses wird der Verteilungskampf anonymisiert.

Der Ausgang dieses Kampfes — also die Neuverteilung der Anteile — hängt nicht so sehr von der Form der gewählten Steuer als von der relativen Macht der um die Anteile kämpfenden Gruppen ab. Macht ist hierbei im weitesten Sinne zu verstehen; auf der Unternehmerseite gehört dazu insbesondere die Möglichkeit, die Investitionsausgaben durch vorübergehend erhöhte Fremdfinanzierung aufrechtzuerhalten.

Mit diesem Hinweis ist auch bereits die monetäre Seite angeschnitten. Ein derartiger Inflationsprozeß kann natürlich nur solange anhalten, wie er in irgendeiner Form monetär alimentiert wird. Dabei kommt es gar nicht in erster Linie darauf an, ob die Zentralbank die monetäre Alimentierung in vollem Umfang kontrollieren kann. Von größerer Bedeutung ist vielmehr, welches Gewicht dem Vollbeschäftigungsziel politisch zugemessen wird und inwieweit die Notenbank in ihrer Politik sich dieser Zielstellung entziehen kann. Versucht die Notenbank nämlich, den Inflationsprozeß zu dämpfen, so gelingt dies in der Regel nur durch sehr scharfe Eingriffe, die überdies zunächst nicht die Preise, sondern Beschäftigung und Wachstum treffen.

Die Überlegungen dieses Teils lassen sich wie folgt zusammenfassen: Die Steuererhöhung wurde als Anmeldung eines erhöhten Anspruches des Staates an das Sozialprodukt interpretiert. Dieser Anspruch wird zunächst entsprechend der formalen Inzidenz gegen eine bestimmte Gruppe, der die Steuern angelastet werden, angemeldet. Ist diese Gruppe nicht bereit, diese Belastung in Form der Einschränkung ihrer eigenen Ansprüche an das Sozialprodukt zu akzeptieren, dann geht die Gesamtheit der

3. Die Verteilung des Sozialprodukts als Machtproblem 45

Ansprüche an das Sozialprodukt über dessen Umfang hinaus und es kommt zur Anspruchsinflation. Diese hält an, bis eine der beteiligten Gruppen oder in irgendeiner Relation alle Gruppen freiwillig oder gezwungen bereit sind, sich mit einer neuen Verteilung zufrieden zu geben. Wie diese Verteilung aussehen wird, ist letztlich eine Frage der relativen Machtverhältnisse. Je gleichgewichtiger dabei die Machtverteilung zwischen Gewerkschaften und Unternehmungen ist — und dies scheint gegenwärtig der Fall zu sein — desto schwieriger ist es für den Staat, eine Steuerbelastungsverschiebung durchzusetzen und desto größer ist dementsprechend die Gefahr, durch einen derartigen Versuch einen Inflationsprozeß auszulösen. Besonders negativ wirkt sich aus, wenn der Staat die dargelegten Zusammenhänge über Einkommensverteilung und Einkommensverwendung nicht berücksichtigt und etwa eine Erhöhung der Unternehmungsbesteuerung zu einem Zeitpunkt vornimmt, zu dem er an der Erhaltung oder sogar Steigerung der Investitionstätigkeit interessiert ist.

Die Gefahr für die Geldwertstabilität setzt ein, wenn eine vermehrte Steuerbelastung als ungerecht empfunden wird und sich Widerstände gegen die Belastung regen. In der Vergangenheit hat sich gezeigt, daß sich die Wirtschaft und einzelne Wirtschaftssubjekte an eine fortlaufende steigende Besteuerung gewöhnt haben, gewöhnt in dem Sinne, daß einer Besteuerung, der man wenige Jahrzehnte früher noch eine absolute Lähmung der privaten Initiative nachgesagt hätte, keinerlei Widerstände und auch keine Überwälzungsversuche mehr entgegengesetzt wurden.

Die Grenzen der steuerlichen Belastbarkeit, die sich aus einer Gefährdung des Stabilitätsziels ergeben, können weder quantitativ exakt noch allgemeingültig festgelegt werden, da diese Aussagen auf der Einschätzung der vermutlichen Reaktionen der Wirtschaftssubjekte beruhen; darüber kann man allenfalls Plausibilitätsüberlegungen anstellen.

IV. Das Wirtschaftswachstum als Belastungsgrenze

Das Wirtschaftswachstum ist in hochentwickelten Industriestaaten in erster Linie eine Folge des technischen Fortschritts und des Kapitaleinsatzes. Da auch der technische Fortschritt in engen Grenzen vom Kapitaleinsatz abhängig ist, können sich die folgenden Erörterungen auf den Zusammenhang zwischen Besteuerung und Kapitalbildung bzw. Investitionstätigkeit beschränken.

Bei den möglichen Wirkungen auf das Wirtschaftswachstum durch eine höhere Besteuerung sollen drei Aspekte berücksichtigt werden:

1. Wirkungen der Besteuerung auf Investitionsneigung und Investitionsmöglichkeit
2. Anregung zur Kapitalflucht
3. Gefahr des Substanzeingriffs durch Besteuerung von Scheingewinnen.

1. Wirkungen auf die Investitionstätigkeit

Die Investitionstheorie ist ein Gebiet, auf dem zwar viele einleuchtende Verhaltenshypothesen entwickelt worden sind; oft lassen sich jedoch auch Plausibilitätsargumente für entgegengesetzte Annahmen finden. Eine empirische Verifikation ist schwierig. Im allgemeinen geht man von der Annahme aus, daß die Investitionstätigkeit durch zwei Determinanten, nämlich die Investitionsneigung und die Investitionsmöglichkeit, bestimmt wird.

1. Wirkungen auf die Investitionstätigkeit 47

a) Für die *Investitionsneigung* ist die Gewinnerwartung ein maßgebender Faktor. Dabei gehen jedoch die Auffassungen darüber auseinander, ob den Brutto- oder den Nettogewinnerwartungen stärkeres Gewicht zukommt. In Hinblick auf die Wirkungen der Besteuerung hat diese Unterscheidung besondere Bedeutung, da eine erhöhte Besteuerung unmittelbar nur die Nettogewinnerwartungen trifft. Die Bruttogewinnerwartungen können nur mittelbar getroffen werden, nämlich wenn die Unternehmer damit rechnen, daß die allgemein erhöhte Besteuerung, die auch ihre Kunden trifft, zu einem Rückgang der Nachfrage nach ihren Produkten führt.

Die *Bruttogewinnerwartung* ist dann das maßgebende Investitionsmotiv, wenn Unternehmungen sich in ihrer Investitionsstrategie mehr an der längerfristigen Erhaltung und Ausweitung ihrer Marktanteile als an der kurzfristigen Gewinnmaximierung orientieren. Bei dominierender Marktorientierung kommt dem Gewinnmotiv nur die Bedeutung einer zwingenden Nebenbedingung in dem Sinne zu, daß eine gewisse Nettorendite langfristig nicht unterschritten werden darf.

Eine erhöhte Besteuerung kann die Investitionsneigung bei betont marktorientierten Unternehmen aus zwei Gründen nicht oder nicht schwerwiegend treffen: Zum einen müssen die Unternehmer davon ausgehen, daß die Steuererhöhung alle — insbesondere auch die konkurrierenden — Unternehmen etwa gleichmäßig trifft, so daß alle in Zukunft bei unveränderten Absatzchancen mit geringeren Nettogewinnen rechnen müssen. Eine Einschränkung der Investitionstätigkeit würde für das einzelne Unternehmen bedeuten, daß es bei unveränderter Nachfrage Marktanteile der Konkurrenz überläßt; dies würde der angenommenen Investitionsstrategie widersprechen. Zum anderen werden die Unternehmen — auch wenn die erhöhte Besteuerung im Augenblick den Nettogewinn unter die erwünschte Mindestrendite drückt — vielleicht damit rechnen, daß angesichts der gegebenen Absatzchancen eine Überwälzung der Steuer möglich sein wird. Verschiedene Unternehmen werden u. U. sogar in ihr

Kalkül einbeziehen, daß die — aufgrund erhöhter Besteuerung zu erwartende — Steigerung der Staatstätigkeit zu einer Erweiterung der Absatzchancen führt.

Eine Einschränkung der Investitionsneigung könnte bei typisch marktorientierten Unternehmungen nur dann auftreten, wenn die Steuererhöhung — in Form eines Ankündigungseffektes — die Absatzerwartungen von der Überlegung her tangiert, daß die nachgelagerten Industrien aufgrund der steuerbedingten Einschränkungen ihrer Nettogewinne ihre Nachfrage einschränken müssen. So wäre es z. B. denkbar, daß die Produzenten von Investitionsgütern damit rechnen, daß die steuerbedingte Minderung der Nettogewinne in der Konsumgüterindustrie die Unternehmen in diesen Bereichen zur Zurückhaltung in ihrer Investitionstätigkeit veranlaßt, wodurch sich die Absatzchancen der Investitionsgüterproduzenten verschlechtern, so daß diese nun ihrerseits geplante Kapazitätserweiterungen zurückstellen.

Die *Nettogewinnerwartung* ist dann das dominierende Investitionsmotiv, wenn die Zielstellung der relativ kurzfristigen Gewinnmaximierung bei Investitionsentscheidungen die ausschlaggebende Determinante ist. Dies gilt in besonderem Maße für risikoreiche Investitionen; hier hat die steuerbedingte Minderung der Nettogewinnerwartung eine unmittelbare Einschränkung der Investitionsneigung zur Folge. Diese Investitionen werden nur vorgenommen, wenn das hohe Risiko durch die Erwartung eines hohen Nettogewinns in den ersten Jahren kompensiert wird. Die Unternehmen können bei derartigen Investitionen im allgemeinen nicht mit einem länger anhaltenden Strom hoher Gewinne rechnen, da gelungene Innovationen in der Regel sehr bald Nachahmer finden, die die hohen Anfangsgewinne wieder drücken. Eine höhere Besteuerung mindert die Gewinnerwartungen und hat in diesem Falle den schwerwiegenden Nachteil, daß die für das Wachstum besonders notwendigen Pionierinvestitionen durch risikoärmere Erweiterungsinvestitionen substituiert werden und damit der technische Fortschritt und das Wirtschaftswachstum reduziert wird.

1. Wirkungen auf die Investitionstätigkeit

In diesem Zusammenhang ist noch einmal auf das Problem der unterschiedlichen Kapitalprofitraten in den einzelnen Wirtschaftszweigen einzugehen. In Wirtschaftsbereichen mit niedrigen Kapitalprofitraten gewinnen die vermögensabhängigen Steuern — wie im ersten Teil dargestellt wurde — besonderes Gewicht. Unsere Wirtschaft befindet sich gegenwärtig in einem Prozeß der strukturellen Umschichtung. Diese Umschichtung wird in der groben Tendenz von den Massengüterindustrien hin zu den hochspezialisierten Forschungs- und Entwicklungsindustrien erfolgen.

Es wäre denkbar, daß diese neuen Wachstumsindustrien nicht mehr die hohen Kapitalprofitraten früherer Wachstumsindustrien — etwa der Chemie — erzielen können. In diesem Fall würden die Wachstumsindustrien durch die vermögensabhängigen Steuern besonders stark getroffen, was den notwendigen Umschichtungsprozeß behindern und verlangsamen würde. Hieraus ergeben sich langfristig negative Wirkungen auf das gesamtwirtschaftliche Wachstum.

b) Die *Investitions- bzw. Finanzierungsmöglichkeit* wird durch die erhöhte Besteuerung — solange die Überwälzung der Steuer nicht gelingt — unmittelbar getroffen, da durch den Liquiditätsabzug der Selbstfinanzierungsspielraum eingeschränkt wird. Diese Wirkung der Besteuerung auf die Investitionsmöglichkeit ist bei vielen Investitionsvorhaben einschneidender als die Wirkung auf die Investitionsneigung. Die Einschränkung des Selbstfinanzierungsspielraums muß nur dann nicht unbedingt und sofort zu einer Einschränkung der Investitionstätigkeit führen, wenn die Unternehmen mit zunehmender Steuerbelastung dazu übergehen können, die Innenfinanzierung durch Außenfinanzierung zu ersetzen.

Bei der Außenfinanzierung sind den verschiedenen Unternehmungen allerdings unterschiedliche Grenzen gesetzt. Für kleinere und mittlere Unternehmen ist der Übergang zur Außenfinanzierung schwieriger als für Großunternehmen. Kleinere Unternehmen sind in besonderem Maße auf die Selbstfinanzierung angewiesen. Großunternehmen besitzen günstigere Möglichkeiten der Außenfinanzierung; so haben sie in der Regel leichteren Zugang zur Aufnahme von Fremdkapital bzw. können — wenn es sich um Kapitalgesellschaften handelt — in erhöhtem Umfang Eigenkapital aufnehmen. Durch diese unterschiedliche Wirkung auf die einzelnen Unternehmensformen können sich nachteilige strukturelle Effekte und unerwünschte Konzentrationen ergeben.

Auf der anderen Seite ist noch zu berücksichtigen, daß die Nettogewinne eine wichtige Determinante auch der externen Kapitalbeschaffungsmöglichkeiten sind. Zum einen wird das Unternehmen selbst bestrebt sein, aus Risikogründen ein gewisses Verhältnis von Eigenkapital zu Fremdkapital nicht zu unterschreiten. Zum anderen muß die Rückzahlung und Verzinsung des aufgenommenen Kapitals aus den zukünftigen Erträgen erfolgen. Insofern sind die durch die Besteuerung reduzierten Nettoertragserwartungen für die potentiellen Kapitalgeber ein wichtiger Faktor.

Zusammenfassend kann man sagen, daß eine starke Besteuerung der Unternehmen sowohl die Investitionsneigung als auch in noch stärkerem Maße die Investitionsmöglichkeit beeinträchtigen kann. Dadurch kann es zu negativen Effekten auf die Beschäftigung und das wirtschaftliche Wachstum kommen. Auch hier ist es wieder nicht möglich, die Grenze zu quantifizieren, bei deren Überschreitung diese negativen Wirkungen zu erwarten sind.

An dieser Stelle wäre noch einmal eine Verbindung zum Inflationsproblem herzustellen. Wenn am Ende des vorhergehenden Teils festgehalten wurde, daß der Versuch der Zentralbank, einen durch erhöhte Besteuerung der Unternehmungen ausgelösten Inflationsprozeß zu bremsen, in einen Rückgang der Beschäftigung und des wirtschaftlichen Wachstums umschlagen kann, so wäre wieder umgekehrt darauf hinzuweisen, daß eine zu hohe steuerliche Belastung des Produktivkapitals zu dem Versuch der Umverteilung der Steuerlast durch die Auslösung eines inflationären Prozesses führen wird, bevor über eine dauerhafte Einschränkung der Investitionstätigkeit ein anhaltender Rückgang des wirtschaftlichen Wachstums hingenommen wird. In diesem Fall wird man damit rechnen können, daß die Notenbank den Inflationsprozeß behindert.

2. Das Problem der Steuerflucht

Die steuerliche Belastbarkeit des Produktivvermögens stößt weiterhin an eine Grenze, wenn die Unternehmer oder Kapitaleigner wegen der hohen inländischen Steuerbelastung zur Kapitalanlage im Ausland — also zur Kapitalflucht — angeregt werden. Empirisch läßt sich allerdings schon aus methodischen Gründen kaum nachweisen, wann ein Kapitalexport steuerliche Gründe hat. Da Auslandsinvestitionen in einer Vielzahl von Ursachen begründet sind, kann aus der Zunahme von Auslandsanlagen nicht auf steuerbedingte Kapitalflucht geschlossen werden. Das zeigt sich z. B. schon daran, daß eigenes Kapital in nicht unerheblichem Maße in die hochindustrialisierten Länder „flieht", aus denen die Bundesrepublik selbst Kapital anzieht.

In der öffentlichen Diskussion spielt das Kapitalfluchtargument eine große Rolle. Es scheint allerdings, daß das Problem auf der einen Seite zu einfach behandelt und auf der anderen Seite in seinen möglichen Wirkungen überschätzt wird.

Zu einfach wird das Problem schon dann gesehen, wenn nicht zwischen Finanzinvestitionen und Realinvestitionen im Ausland unterschieden wird. Das Finanzkapital ist außerordentlich mobil und reagiert auf marginale Ertragsänderungen, unter denen natürlich auch die Steuerrechtsänderungen eine Rolle spielen können, sehr schnell. Insofern wäre hier die Gefahr der Kapitalflucht durchaus ernst zu nehmen. Es ist allerdings fraglich, ob durch eine Abwanderung von Finanzkapital ins Ausland die Investitionstätigkeit im Inland in stärkerem Umfang betroffen wird. Um diese Frage zu diskutieren, wäre ein eigener Beitrag erforderlich. Es erübrigt sich hier jedoch darauf einzugehen; denn wenn von der hohen Mobilität des Kapitals die Rede ist, ist in erster Linie Finanzkapital gemeint, während bei dem Hinweis auf die Gefahren der Kapitalflucht an Realkapitalinvestitionen gedacht wird, d. h. Direktinvestitionen im Ausland, da hier direkte Effekte auf Beschäftigung und Wachstum zu beobachten sind.

Die Vornahme von Direktinvestitionen im Ausland ist jedoch weniger von der kurzfristigen Änderung einzelner Determinanten als von einem Bündel von Bestimmungsfaktoren auf der Kosten- und Absatzseite abhängig, die insgesamt die betriebliche Standortplanung bestimmen.

Auf der *Absatzseite* ist das wichtigste Motiv für Direktinvestitionen im Ausland die langfristige Markterhaltungs- und Markterweiterungsstrategie. Dieses Markt- oder Umsatzmotiv betrachten wir heute auch in der inländischen Produktionsplanung gegenüber der kurzfristigen Gewinnmaximierung als gewichtiger. Das Marktmotiv dürfte bei der Entstehung und Ausdehnung multinationaler Unternehmen eine entscheidende Rolle spielen. Die unmittelbare Präsenz auf vielen Märkten eröffnet dem Investor darüber hinaus die Chance der Risikodiversifikation, sei es gegenüber konjunkturellen Schwankungen, sei es hinsichtlich der langfristigen Entwicklungsmöglichkeiten in einzelnen Ländern.

Das *Marktmotiv* dominiert insbesondere auch dann, wenn es darum geht, durch Standortverlagerung dem eigenen Markt näherzukommen. Das klassische Entscheidungsproblem ist in diesem Zusammenhang die Frage, ob der Export durch direkte Auslandsproduktion ersetzt werden soll. Wegen der für die Etablierung von Produktionsbetrieben aufzubringenden Informationskosten dürfte die Motivation für die Verlagerung primär die Hoffnung auf die Möglichkeit einer besseren Anpassung an die lokale Nachfrage sein und erst sekundär etwaige Kostenvorteile, zu denen dann auch eine geringere Steuerbelastung gehören kann.

2. Das Problem der Steuerflucht 53

Das *Kostenargument* wird dort zur wichtigsten Determinante, wo es darum geht, für die Belieferung bekannter Märkte den kostengünstigsten Standort zu bestimmen. Der klassische Fall für dieses Entscheidungsproblem ist umgekehrt die Frage, ob der Inlandsabsatz nicht kostengünstiger im Ausland produziert werden kann. Dabei ist die Steuerbelastung ein Kostenfaktor unter mehreren. Das wichtigste Motiv für Produktionsverlagerungen auf der Kostenseite ist in der Regel ein niedrigeres ausländisches Lohnkostenniveau. Gleichwohl kann das Steuerargument der ausschlaggebende marginale Faktor sein.

Die steuerliche Standortelastizität ist um so kleiner, je mehr Kapital durch die Investition gebunden wird und je weniger leicht eine einmal getroffene Entscheidung revidiert werden kann. So haben Produktionsbetriebe eine geringe steuerliche Elastizität, da etwaige Fehleinschätzungen der Absatz- oder Beschaffungssituation nur schwer revidiert werden können. Demgegenüber haben Handels- und Verkaufsniederlassungen wegen des geringen Umfangs des zu bindenden Kapitals eine höhere steuerliche Standortelastizität. Neben der Steuerbelastung spielen andere öffentliche Abgaben — etwa Sozialabgaben — als Kostenfaktoren eine Rolle. Von entscheidender Bedeutung ist jedoch, in welchem Umfang an einem ausländischen Standort infrastrukturelle Leistungen angeboten werden. Derartige öffentliche Leistungen spielen auch im Inland — etwa im kommunalen Bereich — als Standortfaktor heute eine wichtigere Rolle als Steuerdifferenzen.

Wie schwierig es ist, über die Ursachen internationaler Kapitalbewegungen allgemeingültige Aussagen zu machen, sei noch am Beispiel der multinationalen Unternehmungen aufgezeigt. Da diese Unternehmungen oft in allen wichtigen Ländern vertreten sind und ständig beträchtlich expandieren, könnte man annehmen, daß hier das Steuerargument als marginales Kostenargument besonderes Gewicht hat. Dem steht entgegen, daß diese Unternehmungen so umfangreiche Möglichkeiten haben, Kosten und Erträge dort anfallen zu lassen, wo es steuerlich am günstigsten ist, daß damit das Steuerargument als Kostenargument wieder gegenstandslos wird.

3. Gefahr des Substanzeingriffs durch Besteuerung von Scheingewinnen

Schließlich soll noch das Problem der sogenannten Scheingewinne im Inflationsprozeß angeschnitten werden. Ihre Besteuerung kann zu einem Substanzverzehr des Anlagevermögens und damit zu negativen Effekten auf das Wirtschaftswachstum führen.

Die Problematik ist darin angelegt, daß beim Anlagevermögen Abschreibungen nur vom Anschaffungswert vorgenommen werden dürfen. Da im Inflationsprozeß die Wiederbeschaffungspreise für die Anlagegüter steigen, wäre die Gefahr des Substanzverlustes nur ausgeschaltet, wenn die Möglichkeit der Abschreibung vom Wiederbeschaffungspreis oder einer steuerfreien Wertsteigerungsrücklage — wie sie für das Vorratsvermögen zulässig ist — eingeräumt würde. Die Besteuerung von Scheingewinnen stellt sich so dar, daß im Inflationsprozeß die Verkaufspreise der Produkte eines Unternehmens steigen und daher — wenn keine Änderung im Absatz eintritt — Erlöse erzielt werden, in denen auch ein steigender nomineller Anteil für den Wertverzehr des Anlagevermögens enthalten ist. Nach voller Abnutzung des Anlagegutes stünde damit auch dessen Wiederbeschaffungswert zur Verfügung. Wenn das Unternehmen in der Steuerbilanz nur vom Anschaffungspreis abschreiben darf, gilt die Differenz zwischen den in Höhe des Wiederbeschaffungspreises erwirtschafteten Einnahmen und dem Anschaffungspreis als Gewinn und wird besteuert. Es werden hier also Scheingewinne besteuert, was insoweit zu Substanzverlusten führt.

Die Vermeidung solcher Substanzeingriffe im Inflationsprozeß würde ein weiteres Abweichen der Besteuerung vom Nominalwertprinzip in Richtung Realwertprinzip erfordern. Dies

3. Substanzeingriff durch Besteuerung von Scheingewinnen

hätte sicher schwerwiegende Folgen, und es ist deshalb zu prüfen, ob die angedeutete Gefahr des Substanzeingriffs eine so grundsätzliche Neuorientierung rechtfertigen kann. Die Frage ist insofern berechtigt, als der Unternehmenssektor im Inflationsprozeß nicht nur durch die Besteuerung von Scheingewinnen belastet, sondern auch durch die Steuerfreiheit von Inflationsgewinnen entlastet wird: Zum einen liegt die Vermutung nahe, daß es zumindest zu einem gewissen Teil gelingt, die Besteuerung des Inflationsausgleichs zu überwälzen; vor allem bei Inflationsgewöhnung lassen sich in der Regel relativ leicht höhere Preise durchsetzen. Zum anderen weist der Unternehmungssektor insgesamt ein Finanzierungsdefizit auf und erzielt damit als Nettoschuldner laufend Inflationsgewinne. In der Regel kann man davon ausgehen, daß sich die Inflationsrate nicht in vollem Umfang im Zinssatz niederschlägt. Dadurch entstehen Inflationsgewinne, die in ihrem Umfang wahrscheinlich über die Verluste hinausgehen, die durch die Besteuerung von Scheingewinnen entstehen.

Das gilt jedoch nur für die Unternehmungen insgesamt. Für das einzelne Unternehmen — und dies muß für ein vernünftiges Steuerrecht ja maßgebend sein — ist dies kein befriedigender Trost. Bislang hat allerdings die Mehrzahl derer, die sich mit der Lösung des Problems beschäftigt hat, kapituliert, da die Konsequenzen einer Ausweitung des Realwertprinzips schnell unübersehbar werden.

V. Schlußbemerkung

Im vorliegenden Beitrag sollte das Problem der steuerlichen Belastung des Produktivvermögens in den Rahmen des konjunkturellen Wechsels von Inflationsstößen und Wachstumseinbrüchen hineingestellt werden.

Der konjunkturelle Rhythmus ist — dies ist wohl durchgängige Erkenntnis von 200 Jahren Konjunkturtheorie — Folge der zyklischen Schwankung der Investitionstätigkeit oder — in der Formulierung unseres Themas — Folge der zyklischen Erweiterung des Produktivvermögens. Inflationsstöße und Wachstumseinbrüche können durch aktive und passive Reaktionen der Unternehmen auf die steuerliche Belastung des Produktivvermögens verstärkt werden:

— Aktive Reaktionen in Form von Überwälzungsversuchen haben — wie im dritten Teil dargestellt wurde — Inflationsstöße zur Folge.

— Passive Reaktionen auf eine erhöhte Besteuerung in Form der Einschränkung der Investitionen führen — wie im vierten Teil dargelegt wurde — zu einem Rückgang der Beschäftigung und zu Wachstumseinbrüchen.

Die konjunkturellen Ausschläge haben sich in den letzten zehn Jahren von Zyklus zu Zyklus verstärkt: Der vierte Nachkriegszyklus endete 1966/67 erstmals mit einer Stagnation des Wachstums. Im fünften Zyklus stiegen die Preise auch in der Rezession weiter an; damit nahm erstmals auch in der Abschwungsphase die Inflationsrate zu. Der sechste Wachstumszyklus wies erstmals in der Nachkriegszeit negative Wachstumsraten auf. Die Aufschwungsphase des siebten Zyklus, in dem wir gegenwärtig stehen, entfaltet sich sehr langsam, so daß heute gelegent-

V. Schlußbemerkung

lich die Frage aufgeworfen wird, ob die Entwicklung nicht nach einem Zwischenhoch in eine neue Rezession einmündet.

Diese Entwicklung hat viele Ursachen, die hier nicht zu erörtern waren. Die Besteuerung des Produktivvermögens ist eine dieser Ursachen. Mit allgemeiner Verlangsamung des Wachstumsprozesses, wobei die Gründe von einer Abschwächung der Impulse bis zur Verschlechterung der Wachstumsbedingungen vielfältig sein können, gewinnt die steuerliche Belastung als retardierender Faktor erhöhtes Gewicht; eine Steigerung der Besteuerung muß diesen tendenziell vorhandenen Einfluß verstärken.

Literaturverzeichnis

Albach, H.: Steuersystem und unternehmerische Investitionspolitik, Wiesbaden 1970
— Zur Entwicklung der Kapitalstruktur deutscher Unternehmen, in: Zeitschrift für Betriebswirtschaft, Heft 1/75, S. 1 ff.
Baumol, W. J.: Business Behavior, Value and Growth, New York 1955
Büschgen, H. E.: Grundlagen betrieblicher Finanzwirtschaft, Frankfurt/Main 1973
Cansier, D.: Steuerpolitische Ansatzpunkte der Anbieterinflationsbekämpfung, Volkswirtschaftliche Schriften, Heft 157, Berlin 1971
Ehrlicher, W.: Die deutsche Finanzpolitik seit 1924, Bonn 1961
— Wandlung der Steuerordnungen, Finanzarchiv, N. F., Bd. 27, S. 49 ff.
Entwurf eines Dritten Steuerreformgesetzes, Bundestagsdrucksache 700/73, S. 169 ff.
Fischer, L.: Problematische Belastungsrechnungen, in: Wirtschaftswoche, Nr. 7/1972, S. 30 ff.
Friedel, L.: Der Einfluß der Besteuerung auf den internationalen Kapitalverkehr, Diss. Saarbrücken 1960
Galbraith, K.: The New Industrial State, Boston 1967
Gutachten der Steuerreformkommission, Schriftenreihe des Bundesministeriums der Finanzen, Heft 17, Bonn 1971
Haller, H.: Besteuerung und Wirtschaftswachstum, Tübingen 1970
— Die Steuern, 2. Auflage, Tübingen 1971
Hax, K.: Die Substanzerhaltung der Unternehmung als Problem der Besteuerung, in: Steuer und Wirtschaft, 39. Jg. (1962), S. 255 ff.

Heidhues, F.: Zur Theorie internationaler Kapitalbewegungen, Tübingen 1969

Hymer, S.: The International Operation of National Firms, Cambridge, Mass. 1969

Institut Finanzen und Steuern: Modellrechnungen über die Veränderungen der Steuerbelastung in Hinblick auf die verschiedenen Reformvorschläge, Heft 126, Bonn 1972

Kindleberger, C. P.: American Business Abroad, New Haven — London 1969

Krzyzaniak, M.: The Differential Incidence of Taxes on Profits and on Factor Incomes, in: Finanzarchiv, N. F., Bd. 30, S. 464 ff.

Kormann, H.: Die Steuerpolitik der internationalen Unternehmung, 2. Aufl., Düsseldorf 1970

Martin, W.: Besteuerung von Scheingewinnen aus Preissteigerungen, in: Der Betrieb, 25. Jg., (1972), S. 245 ff.

Musgrave, R. A.: Finanztheorie, Tübingen 1966

— und *Musgrave*, P. B., Public Finance in Theory and Practice, New York 1973

Netzer, D.: Economics of the Property Tax, The Brookings Institution, Washington 1966

Papier, H.-J.: Die Beeinträchtigung der Eigentums- und Berufsfreiheit durch Steuern vom Einkommen und Vermögen, in: Der Staat, 1972, S. 483 ff.

Paul, D. B.: The Politics of the Property Tax, Toronto, London 1975

Pechman, J. A. und *Okun*, B. A.: Who bears the tax burden, Studies of Government Finance, The Brookings Institution, Washington 1974

Presse- und Informationsamt der Bundesregierung, Bulletin Nr. 95 vom 23. Juni 1971

Probleme der Indexbindung (Hrsg. W. Ehrlicher), in: Beihefte zu Kredit und Kapital, Heft 2, 1974

Das Produktionspotential in der Bundesrepublik Deutschland, in: Monatsberichte der Deutschen Bundesbank, 25. Jg., Nr. 10/1973, S. 31 ff.

Rose, G.: Überlegungen zum Steuerbelastungsausgleich zwischen Personenunternehmung und Kapitalgesellschaft, in: Geld, Kapital und Kredit, H. E. Büschgen (Hrsg.), Stuttgart 1968

— Untersuchungen über die Steuerbelastung der Unternehmung, in: Der Betrieb, Beilage Nr. 7/1968, S. 1 ff.

Rose, M.: Wachsende Unternehmungen unter dem Einfluß der Besteuerung. Ein Beitrag zur mikroökonomischen Steuerinzidenztheorie, in: Finanzarchiv, N. F., Bd. 28, S. 1 ff.

Scheibe-Lange I. und *Tofaute*, H.: Die Steuerbelastung der Unternehmungsgewinne nach geltendem Recht und nach den Plänen zur Steuerreform, in: WSI-Mitteilungen, Heft 6/1972, S. 167 ff.

Schneider, D.: Bestimmungsgründe des Substanzverzehrs durch Scheingewinnbesteuerung, in: Der Betrieb, 27. Jg. (1974), S. 1073 ff.

— Investition und Finanzierung, 3. Aufl., Opladen 1974

Schneider, H. K.: Die Grundsteuer in der Finanzreform — eine Studie zur wirtschafts- und finanzpolitischen Problematik der Grundsteuer, Münster 1969

Schreiber, K. F.: Zur Aussagekraft empirischer Untersuchungen der Überwälzbarkeit der Körperschaftsteuer, in: Finanzarchiv, N. F., Bd. 29, S. 54 ff.

Swoboda, P.: Investition und Finanzierung, Göttingen 1971

Vickrey, W.: Agenda for Progressive Taxation, First Edition, New York 1947

Wissenschaftlicher Beirat beim Bundesministerium der Finanzen: Gutachten zur Reform der direkten Steuern, Schriftenreihe des Bundesministeriums der Finanzen, Heft 9, Bonn 1967

— Probleme und Lösungsmöglichkeiten einer Bodenwertzuwachsbesteuerung, Schriftenreihe des Bundesministeriums der Finanzen, Heft 22, Bonn 1976

Wissenschaftlicher Beirat beim Bundeswirtschaftsministerium: Indexierung wirtschaftlich relevanter Größen, in: Bulletin des Presse- und Informationsamtes der Bundesregierung, Nr. 101 vom 13. 8. 1975, S. 947 ff.

Wysocki, K. v.: Der internationale Steuerbelastungsvergleich als Grundlage betrieblicher Verhaltensplanung im Gemeinsamen Markt, in: Zeitschrift für Betriebswirtschaft, 32. Jg. (1962), S. 129 ff.

Ergebnisse der Aussprache

I. Die heutige Abgabenbelastung des Produktivvermögens
insbesondere durch vermögensabhängige Steuern
und Steuerkumulation

1. Das Produktivvermögen ist heute in vielfältiger Weise durch Abgabenverpflichtungen direkt oder mittelbar belastet. Diese reichen von den „klassischen" ertrags- und vermögensabhängigen Steuern über konjunkturbedingte Zahlungspflichten, etwa zur Absicherung gegen Risiken der Insolvenz oder des Konkursausfalls, bis zu Verbrauchsteuern, insbesondere der Mehrwertsteuer. Diese wirkt sich jedenfalls insoweit als Belastung der Unternehmen aus, als ihre Abwälzung nicht gelingt oder im Verteilungskampf eine Rückwälzung durch entsprechend erhöhte Lohnforderungen eintritt.

Dieser Steuerdruck auf die private Wirtschaft hat in der Bundesrepublik in letzter Zeit erheblich zugenommen. Dies beruht zum einen auf den Steuerrechtsänderungen im Rahmen der Steuerreform: Tariferhöhungen, Aufhebung der Abzugsfähigkeit der Vermögensteuer bei der Einkommensteuer; zum anderen ergeben sich in der Rezession relative Belastungssteigerungen durch die Kumulationswirkung mehrerer Steuerarten, insbesondere der Einkommensteuer und der vermögensabhängigen Steuern.

2. Die *vermögensabhängigen Abgaben*, insbesondere die Vermögensteuer, scheinen zunächst eine nur unwesentliche Belastung darzustellen, vergleicht man ihre Sätze mit den hohen Tarifen der Einkommen- und Körperschaftsteuer. Die vermögensabhängigen Steuern werden jedoch heute für sehr viele Unternehmer

zu einem zentralen Problem: Sie bedeuten Fixkosten, die unabhängig davon anfallen, was auch immer an Gewinn erreicht — oder nicht erzielt werden mag. Bei rückläufigem Gewinn nimmt die prozentuale Belastung des Vermögensertrages durch vermögensabhängige Steuern rasch zu. In Zeiten der Rezession erlangen daher die ertragsunabhängigen Abgaben eine völlig neue, vom Gesetzgeber nicht primär gewollte, jedenfalls kaum vorausgesehene zentrale Bedeutung für einen großen Teil des Produktivvermögens, nicht als „letzte Steuerspitze", sondern als die wesentlich belastenden Abgaben schlechthin. Dies bringt für die Unternehmen eine „neue Steuerlage"; Betriebs- und Volkswirtschaft haben sich in ihr mit vermögensabhängigen Steuern nicht als mit einer Randerscheinung, sondern einem entscheidenden Belastungsfaktor von neuartigem Gewicht zu befassen.

3. Der Steuerdruck hat sich neuerdings noch dadurch verschärft, daß die *Vermögensteuer nicht mehr der Einkommensteuer gegenüber abzugsfähig* ist. Die Kumulation der beiden Steuern wirkt im Abschwung besonders belastend, weil damit oft gerade jene bescheidenen Gewinne abzuführen sind, welche den Unternehmen ein Durchhalten ermöglichen.

Zugunsten der Nichtabzugsfähigkeit der Vermögensteuer bei der Einkommensteuer mag man auch juristische Überlegungen zur Natur der Steuerarten ins Feld führen. Immerhin war ja auch früher schon die Vermögensteuer bei der Körperschaftsteuer nicht abzugsfähig. Das wurde allerdings damit gerechtfertigt, daß diese beiden Steuern wesentlich gleich zu qualifizieren seien. Neuerdings wird dies dagegen abgelehnt: Die Vermögensteuer steht also der Einkommensteuer ebenso „gegenüber" wie der Körperschaftsteuer. Es liegt daher nahe, die Abzugsfähigkeit in beiden Fällen gleichzubehandeln, nunmehr also auszuschließen.

Die Nichtabzugsfähigkeit der Vermögensteuer bei der Einkommensteuer zeigt die Absicht des Gesetzgebers, daß sich die Wirtschaft auf den vollen, allgemeinen Kumulationseffekt der Belastungen aus vermögens- und ertragsabhängigen Steuern einstellen soll. Ob dies auf die Dauer ohne Gefährdung vieler Unternehmen und Arbeitsplätze möglich ist, hängt vor allem von den Wirkungen eines derart verstärkten Abgabendrucks auf Investitionen, Konjunktur und Inflation in der Binnen- wie in der Außenwirtschaft ab.

Darum geht es in den folgenden Erörterungen.

4. Die kumulative Steuerbelastung trifft das Produktivvermögen in all seinen Größenordnungen und Rechtsformen; sie kann aber in besonderer Weise zum Mittelstandsproblem werden. Mittlere und kleinere Unternehmen vor allem werden durch die Nichtabzugsfähigkeit der Vermögensteuer bei der Einkommensteuer getroffen; sie können meist nicht in gleicher Weise wie große Gesellschaften längere Perioden überstehen, in denen ihnen auch bescheidene Gewinne noch durch die Vermögensteuer entzogen werden. Der Zwang, aus der Substanz bezahlen zu müssen, gefährdet bei ihnen — u. a. wegen der beschränkten Möglichkeiten der Kreditaufnahme — oft weit rascher die wirtschaftliche Existenz. Die mittelständische Wirtschaft wird daher auch in Zukunft immer wieder die Frage der Vermögensbelastung aufgreifen und sich hier um Erleichterungen bemühen — wenn heute nicht bei Steuertarif oder Abzugsfähigkeit, so doch zumindest hinsichtlich der Bemessungsgrundlagen der Vermögensteuer.

Ob die neue Steuerkumulation zu weiterer Konzentration in der Wirtschaft führt, mag heute im einzelnen nicht abzusehen sein. Staatliche Finanzpolitik muß jedenfalls eine solche mögliche Entwicklung in ihre Überlegungen einbeziehen.

II. Investitionsmotive und Steuerbelastung

Entscheidend für die Beurteilung der betriebswirtschaftlichen wie der volkswirtschaftlichen Bedeutung der Steuerbelastung und ihrer Tragbarkeitsgrenze ist deren *Gewicht bei unternehmerischen Investitionsentscheidungen*.

In erster Linie zeigt sie sich bei der Kalkulation des Einzelprojekts; von einem Vorhaben zum anderen wechselt hier sicher die Beurteilung. Bei aller Differenziertheit der Belastungseffekte kann jedoch auch die *Investitionspolitik eines Unternehmens im ganzen* durch Steuerüberlegungen wesentlich beeinflußt werden.

Mag die Investitionsmotivation im einzelnen noch so vielfältig sein — der staatlichen Finanzpolitik stellt sich die allgemeine Frage: *Wie weit denkt der Unternehmer bei Investitionen an Steuern?*

1. Zunächst fragt es sich, ob sich die Investitionsentscheidung mehr am Ziel der Ausweitung bzw. Erhaltung von Marktanteilen oder an der Erreichung möglichst hoher Gewinne bzw. einer Mindesthöhe der Gewinne orientiert. Auch bei betonter Marktorientierung kann ein Unternehmen längerfristig nicht ohne gewissen Gewinn existieren, so daß auch in diesem Falle die Steuerbelastung eine Rolle spielt. In viel stärkerem Maße ist dies natürlich bei Unternehmen der Fall, die mit dem Ziel, kurzfristig hohe Gewinne zu erzielen, Investitionen vornehmen.

Im Einzelfall wird das Überwiegen der Markt- oder der Gewinnorientierung vor allem von der Unternehmerpersönlichkeit, von den spezifischen Marktgegebenheiten und von der allgemeinen Wirtschaftslage abhängen. Der dynamische Unternehmer wird mehr an die Ausweitung des Marktes als an die Einschränkung des Gewinns durch Abgaben denken.

Auf der anderen Seite sind besonders risikoreiche Investitionen nur interessant, wenn das hohe Risiko durch hohe Gewinnerwartung kompensiert wird. Die stärkere Besteuerung mindert hier die Gewinnerwartung und dämpft die Investitionsneigung.

Im ganzen wird wohl auch heute noch der wirtschaftliche Erfolg eines Unternehmens in erster Linie an der Entwicklung des Bruttoertrages gemessen. Dies ist auch für alle Investitionstätigkeit zunächst die wichtigste Orientierungsgröße. Erst danach wird der Unternehmer überlegen, was ihm „nach Steuer" bleibt.

Mit der rezessionsbedingten Abschwächung der Marktchancen gewinnen jedoch Steuerüberlegungen an sich schon an Bedeutung. Nimmt zugleich die Steuerbelastung zu, wie dies neuerdings der Fall war, so wird diese immer mehr zu einem investitionshemmenden Faktor. Investitionslenkungseffekte, welche in einer Marktwirtschaft systemwidrig wären, könnten bereichsweise bei gezieltem Einsatz von Steuervergünstigungen auftreten.

2. Die Steuerbelastung mindert den *Gewinn*. Auf längere Sicht sind Unternehmen — wie immer ihre Marktstrategie aussieht — darauf angewiesen, eine gewisse Rendite ihrer Investitionen zu erzielen. Die großen Publikumsgesellschaften sind dem Gewinn schon deshalb verpflichtet, weil ihre Aktionäre nicht so sehr an großer Unternehmens- und Marktstrategie, als vielmehr an Ausschüttungen, an Gewinn interessiert sind. Bei sinkendem Finanzierungsanteil der Eigenmittel muß sich die Gewinnmotivation verstärken, denn die Bankkunden beauftragen ihre Institute nur bei guter Gewinnerwartung mit Investitionshilfen.

Auf die *Nettogewinnerwartung* kommt es bei alledem stets letztlich an. Die Steuerlast beeinflußt daher sicher unmittelbar die Investitionsbereitschaft in negativer Weise. Das gilt vor allem dann, wenn die Risiken steigen, die „Rechenbarkeit" der Gewinnerwartungen abnimmt. In verschiedenen Branchen, etwa im Einzelhandel, ist sie schon heute bedenklich gering.

Die Belastung mit vermögensabhängigen Steuern wirkt in dieser Lage, als unabänderliche Hypothek auf prekäre Gewinnerwartung, viel stärker, als es ihrem Satz, ihrem Aufkommen entspricht. Sie erscheint im Ergebnis als eine Verschärfung der Unternehmerrisiken — und dies gerade in einer Periode, in der die Bereitschaft zur Vornahme risikoreicher Investitionen, die für das weitere Wachstum von besonderer Bedeutung sind, ohnehin gering ist.

Daß sich in einer solchen Lage heute die — stets bestehende — Spannung zwischen Steuerlast und gewinnorientierter Investitionsbereitschaft verschärft, läßt sich kaum bestreiten.

3. Kurzfristige Gewinnerwartung ist sicher nicht das einzige Investitionsmotiv. Viele und gerade die großen, langfristigen Anstrengungen werden häufig unternommen, um *Marktpräsenz* zu erhalten, auszubauen, zu schaffen. Ein reines Denken in capital return, welches nicht selten bei ausländischen Investitionen in der Bundesrepublik in Erscheinung tritt, ist sicher nicht die Leitidee aller deutschen Investoren.

Wer Marktpräsenz schaffen oder erhalten will, muß zu Gewinnopfern bereit sein: Er wird auch investieren, wenn ihn die Steuerbelastung zunächst in rote Zahlen treibt. Die Abgaben stellen bei solchen Kämpfen um Marktanteile zwar keine absolute, vor allem keine sofort wirksame Schranke des Investitionswillens dar. Verfehlt wäre es jedoch, daraus auf eine generell geringere Bedeutung der Steuerbelastung für die Investitionsbereitschaft zu schließen, weil hier das Gewinnmotiv zurückträte, der Anreiz des Kampfes um die Marktpräsenz jedoch unberührt bliebe: Auch auf Erhaltung von Marktanteilen hin wird letztlich nur in — längerfristiger — Gewinnerwartung investiert. Hier mag vieles zu Investitionen treiben, was eben nicht rechenbar, was nur Unternehmerhoffnung ist. Wenn nun aber die Hoffnung von vornherein infolge einer sicheren Steuerbelastung, selbst für den Fall günstiger Entwicklungen, entscheidend sinkt, so wird der Investitionswille doch unmittelbar durch Abgabendruck gemindert. Und dies geschieht möglicherweise sogar in einer nicht ungefährlichen Fern-, oder gar Lawinenwirkung: Die künftige, heute vielleicht unsichere, morgen weit größere Gewinnchance, aus der sich übermorgen noch größere, wahrscheinlichere Gewinne ergeben könnten — sie wird der heutigen rechenbaren Steuersorge geopfert.

Gewinnerwartung, in welcher Form immer, bleibt also die langfristig unabdingbare Voraussetzung der Investitionstätigkeit, die durch Steuerbelastung, heute verstärkt durch vermögensabhängige Steuern, wesentlich beeinflußt wird.

4. Gerade in inflationären Zeiten mag auch das Motiv der *Substanzerhaltung* gelegentlich Anreiz zu Investitionen bilden. Ist es nicht schon ein „Gewinn", wenn der Unternehmer sein Produktivvermögen gewinnlos über die Durststrecke rettet; können die Aktionäre nicht mit den Leistungen eines Managements zufrieden sein, das durch geschickte Investitionen wenigstens die Substanz ihrer Beteiligungswerte erhält? Wenn der Sparzins Substanzverluste nicht vermeiden läßt — ist da nicht Substanzerhaltung jede Investitionsanstrengung wert?

Wäre dem stets so, dann würde die Steuerbelastung den Investitionswillen solange nicht beeinflussen, als nicht gerade sie zu Substanzverlusten führt. In der Unternehmenswirklichkeit ist jedoch Substanzerhaltung heute keineswegs ein Investitionsanreiz von entscheidender oder auch nur wesentlicher Bedeutung. Man investiert nach wie vor auf Nettogewinn hin, es gibt noch keine Inflationsmentalität, die Substanzerhaltung allein als hinreichenden Gewinn ansehen ließe.

Wer Inflation bekämpft, muß also davon ausgehen, daß die Investitionsfreudigkeit, weiterhin gewinnorientiert, unter Steuerdruck leidet, bei übermäßigem Steuerdruck aufhört.

Doch wann ist die Schwelle erreicht, wann resignieren Investoren vor der Steuer?

III. Investitionsverzicht aus Steuergründen

So sicher es tagtäglich Fälle von Investitionsverzicht aus Steuergründen, so unzweifelhaft es auch gesamtwirtschaftlich hier eine Grenze gibt — es ist schwer, allgemein eine steuerliche Reaktionsschwelle zu bestimmen, bei deren Überschreitung der Steuerdruck generell oder doch in der Regel die Investitionstätigkeit zum Erliegen bringt. Immerhin sind einige Aussagen zu einer solchen Grenzbestimmung möglich.

1. Die investitionsabschreckende Steuerschwelle wird durch die resignierende Reaktion der Unternehmen bestimmt, lokal, bran-

chenmäßig, sektoral. Die staatliche Finanzpolitik kann sich jedoch nicht darauf verlassen, daß sich hier sogleich, rechtzeitig Warnsignale zeigen werden, so daß sie, bis zu deren Aufleuchten jedenfalls, ungestört den Steuerdruck erhöhen könnte.

Die *Reagibilität der Unternehmen* gegenüber den Abgaben ist durch eine Vielzahl von Faktoren *herabgesetzt*. Die Entwicklungsplanung der Unternehmen muß langfristig orientiert sein. Angelaufene Projekte können meist nicht einfach deshalb aufgegeben werden, weil sie durch Steuerbelastung unrentabel zu werden drohen. Markt- und Kreditwürdigkeitsüberlegungen verbieten in vielen Fällen einen steuerlich gebotenen Investitionsstopp. Die Steuern, vor allem die vermögensabhängigen, sind in der Regel die gegenwärtige, rechenbare Belastung, der gerade der entscheidungsfreudige Unternehmer nicht sogleich die große, wenn auch unsichere Markthoffnung der Zukunft opfern wird. In nicht wenigen Fällen wird man sagen können: Je besser der Unternehmer, desto später seine Investitionsreaktion auf Steuern.

Hinzu kommen noch technologische Entwicklungen: Je stärker das Produktivvermögen in der wachsenden Mechanisierung längerfristig „festgeklemmt" ist, desto schwächer ist die Reagibilität, und wo sie noch besteht, folgt sie zunächst den rascher sich ändernden Märkten mehr als der konstant erscheinenden Steuerbelastung.

Wenn es schließlich eine Reaktionsgrenze gibt, so ist sie wohl auch nur unter Berücksichtigung längerer Zeiträume und in einer Zusammenschau aller steuerlichen und nichtsteuerlichen Belastungen bestimmbar. Deren Ergebnis aber kann nur mit erheblichen Verzögerungen erwartet werden.

Mit einer raschen Unternehmensreaktion gegen Steuern kann also, vor allem bei vermögensabhängigen Belastungen, nicht gerechnet werden. Infolge dieser, im ganzen marktwirtschaftlichen, Verzögerung kann es zu Phasen kommen, in denen weiter investiert wird, obwohl die Steuerbelastung schon die Substanz des Produktivvermögens angreift. Vieles spricht dafür, daß sich die

Wirtschaft in weiten Bereichen bereits heute in dieser Lage befindet, die auch gesamtwirtschaftlich Gefahr bedeutet: Wo immer die Belastungsschwelle liegen mag, „eigentlich" ist sie heute schon überschritten, so meinen jedenfalls viele Vertreter der Wirtschaft.

2. Eine *feste steuerliche Belastbarkeit* läßt sich, ökonomisch gesehen, allgemein kaum bestimmen. Am Gewinn orientierte Prozentzahlen, nach denen die Belastung etwa 40 % oder 50 % auf Dauer nicht überschreiten dürfte, sind nicht ausreichend begründbar und tragen den besonderen Verhältnissen der verschiedenen Branchen nicht hinreichend Rechnung. Dies gilt insbesondere deshalb, weil sich ständige Veränderungen der Belastung des Produktivvermögens nicht nur aus Abgaben, sondern auch aus der Entwicklung anderer Faktoren (Materialkosten, Löhne), ergeben, die nicht konstant verläuft. Schon deshalb läßt sich keine generelle Tragbarkeitsgrenze für Steuerlasten festlegen.

Eine andere, ökonomisch nicht zu beantwortende Frage wäre es allerdings, ob es nicht etwas wie eine „psychologische Opfergrenze" gibt, so daß etwa die Aktivität des wirtschaftenden Bürgers nachläßt, wenn ihm dauernd mehr als die Hälfte seiner Gewinne durch den Staat entzogen werden. Psychologisch spielt es sicher auch eine Rolle, ob dies durch Steuern vom Ertrag oder durch vermögensabhängige Abgaben geschieht. Gerade der aktive Unternehmer wird für erstere durchaus, für die Steuern auf Produktivvermögen jedoch wenig Verständnis haben.

3. Eine *äußerste Grenze* muß es aber doch geben für die steuerliche Belastbarkeit des Produktivvermögens: Auf Dauer gesehen muß zumindest ein Gewinn in Höhe des *Kapitalmarktzinses* bleiben. Der Zinssatz ist finanzpolitisch eine wichtige Richtgröße. Wird er konstant unterschritten, so ist die Anlage in Finanzvermögen der Investition im eigenen Unternehmen vorzuziehen.

Theorie und Praxis stimmen daher darin überein, daß eine kumulierte Steuerbelastung unerträglich ist, welche allgemein und auf Dauer die Nettorendite des Unternehmens unter die Nettorendite von Finanzvermögen senkt. Jedenfalls muß sich die Wirtschaftspolitik dann bewußt sein, daß sie, über die Steuerbelastung, einzelne betroffene Bereiche oder Branchen anderen, zur Zeit leistungsfähigeren, schlechthin opfert.

4. Gegen die der Steuerbelastung Grenzen ziehende Bedeutung des Zinses wird gelegentlich eingewendet, hier dürfe ein gewisser *Gewöhnungseffekt* nicht übersehen werden. Was der Kapitalmarkt an Zins verlange, sei eine weithin durch Konvention und traditionelle Erwartung festgelegte Größe. Es könne auch durch *Gewöhnung* an niedrigeren Gewinn aus Kapitalvermögen verändert werden. Früher habe man mit weit geringeren Zinsen gerechnet und doch investiert. Ähnlich sei es mit der Abgabenbelastung — auch hier gebe es eben einen deutlichen „Gewöhnungseffekt".

Es ist durchaus richtig, daß sich die Wirtschaft in Inflationszeiten an nicht unerhebliche Zinsveränderungen „gewöhnt"; die Veränderungen der Finanzstruktur zeigen, daß sich die Wirtschaft — wenn alle konkurrierenden Unternehmen etwa gleich betroffen werden — auch an sinkende Kapitalgewinnraten und abnehmende Selbstfinanzierungsraten „gewöhnt". Es kann jedoch nicht alles an Steuerverschärfung wirtschaftlich getragen werden — und wird auch tatsächlich nicht ohne Investitionsverzicht hingenommen — was nur gerade nicht eine Abgabenrevolution ist. Man mag sich auf einen gewissen Rückgang der Gewinnraten einstellen — an steuerbedingte Defizite kann man sich nicht gewöhnen.

Es bleibt also dabei: Der Kapitalmarktzins ist, auf Dauer jedenfalls, das Minimum dessen, was dem Produktivvermögen an Nettogewinn verbleiben muß. Wird es unterschritten, so leidet die Investitionsbereitschaft.

IV. Steuerdruck als Finanzierungsproblem

Die steuerliche Belastung beeinflußt in mehrfacher Richtung die Finanzierung im Unternehmensbereich: Einerseits hat sie Auswirkungen auf das Verhältnis von Eigen- und Fremdkapital; zum anderen gewinnt sie spezielle Bedeutung je nach der Finanzierungsstruktur.

1. Die Finanzierungsstruktur hat sich in den letzten Jahren in nahezu allen Bereichen immer mehr und ganz erheblich *zugunsten der Fremdfinanzierung verschoben.* Die Gründe hierfür sind vielschichtig und schwer übersehbar. Der Versuch, sich Märkte zu sichern, dürfte ebenso eine Rolle spielen wie die Entwicklung der Investitionstätigkeit in risikoärmere Bereiche der Erweiterungsinvestitionen, bei denen höhere Fremdkapitalbelastung getragen werden kann.

Nicht zuletzt werden jedoch auch steuerliche Gründe maßgeblich gewesen sein. Die Abzugsfähigkeit der Schuldzinsen hat die Finanzierungsstruktur schon bisher beeinflußt; bei der steigenden Steuerbelastung werden solche Versuche noch intensiviert werden.

Zugleich besteht jedoch Einigkeit in Theorie und Praxis, daß der Anteil des Fremdkapitals nicht beliebig steigen kann — und zwar gerade auch aus steuerlichen Gründen. Gefahr droht den Unternehmen dadurch, daß sie aus Steuererwägungen zu stärkerer Fremdfinanzierung gedrängt werden und ihnen gerade in dieser Lage dann aber die Abgabenlast zum Verhängnis werden kann.

2. Bei hohem Fremdkapitalanteil vermindert sich zwar — da Fremdkapitalzinsen Betriebsausgaben sind — die Last der ertragsabhängigen Steuern. Andererseits aber muß der Unternehmer die zu entrichtenden Fremdkapitalzinsen erwirtschaften. Beläßt ihm die Steuergewalt, vor allem über die vermögensabhängigen Abgaben, noch weniger, so muß er die Substanz angreifen.

Der Steuerdruck wird hier in eigenartiger Weise zur Gefahr: Nicht so sehr durch die effektive Belastung, als vielmehr durch die steuerliche Motivation der Unternehmenspolitik — aus den Fängen der Abgabengewalt flieht der Unternehmer in die nicht weniger gefährlichen Hände seiner Gläubiger; bei geringem Gewinn könnte er die Steuern noch entrichten, die Zinsen kann er nicht bezahlen.

Diese „indirekte Steuerbelastung", die ins Fremdkapital treibt, verstärkt sich dann vernichtend, wenn der Steuerstaat dem Unternehmer nicht einmal mehr den Gewinn des Zinssatzes beläßt; und sie besteht trotz aller Abzugsfähigkeit von Zinsen.

Verstärkung der Außenfinanzierung — dies ist heute keine wirksame Waffe mehr gegen den Steuerdruck.

3. Doch die Steuerbelastung wird heute auch bei der Eigenfinanzierung zum Problem. Ein steuerlich erzwungener Gewinnverzicht beim Einsatz von Eigenmitteln kann und wird aus mannigfachen Gründen auf die Dauer nicht hingenommen werden.

Die Gesellschaften, welche auf dem Kapitalmarkt in Erscheinung treten, müssen dort günstige Voraussetzungen schaffen, um sich die weitere Refinanzierungsmöglichkeit zu erhalten. Ihr „eigenes Vermögen" muß also auch zu Gewinn führen, der Aktionär verlangt Ausschüttung, nicht nur Zinsabführung an Dritte. Je geringer der Eigengewinn wird, desto mehr schrumpft aber auch erfahrungsgemäß der Spielraum für Fremdfinanzierung. Wer also den Gewinnverzicht aus dem Einsatz von Eigenmitteln steuerlich erzwingen will, der treibt die Unternehmen ins Fremdkapital, reduziert damit das Steueraufkommen und vermindert gerade jene „Durchhaltefähigkeit" gegenüber der Steuerlast — und anderen Belastungen —, auf die er setzt.

Die Grenzen der steuerlichen Belastbarkeit liegen deshalb letztlich auch dort, wo die Grenzen der Außenfinanzierung erreicht sind — und umgekehrt.

V. Vermögensabhängige Steuern — eine konjunkturelle Gefahr?

1. Die Steuerlast wirkt auf die Konjunktur ein — sie ist zugleich konjunkturabhängig. Schon aus diesem Grunde lassen sich allgemeine Erträglichkeitsgrenzen nicht bestimmen.

In besonderem Maße *konjunkturabhängig sind die Wirkungen der vermögensabhängigen Steuern*. Im Aufschwung sind sie, verglichen mit den Ertragsabgaben, meist nur wenig belastend, werden unschwer mitgetragen. Als Fixbelastungen fallen sie bei steigendem Gewinn immer weniger ins Gewicht, die Investitionsentscheidungen beeinflussen sie nur am Rande.

In einer Rezessionsphase dagegen verstärkt sich ihre gleichbleibende, gewinnunabhängige Belastung rasch und erheblich, sie werden zur zentralen Steuerbelastung, vielleicht zur schwersten Last überhaupt.

Bei den Steuerbelastungen zeigt sich dies am deutlichsten: Im Aufschwung können sie leicht getragen werden, im Abschwung verstärken sie die Gefahren für die Unternehmen, die so von ihrer „besseren Vergangenheit" verhängnisvoll festgehalten werden.

Je schlechter das Einzelunternehmen steht, desto härter greift der Staat zu. Fragwürdig ist eben doch, ob es eine „besondere Leistungsfähigkeit" von Vermögensbeständen gibt, die unabhängig von tatsächlichem Ertrag bestehen soll und mit der die vermögensabhängigen Steuern begründet werden.

2. Gesamtwirtschaftlich gesehen *wirken die vermögensabhängigen Steuern deutlich prozyklisch*. Durch steigende Belastungen im Abschwung lähmen sie die Investitionstätigkeit und verstärken in rasch sich steigernder Wirkung wesentliche Rezessionsgründe. Im Aufschwung überläßt die verhältnismäßig geringere Belastung den Unternehmen immer mehr an Gewinn und treibt sie damit in neue Aktivitäten.

Besondere Spitzeneffekte sind bei verstärktem Abschwung nicht auszuschließen, wo auch die absolut gesehen geringe Mehrbelastung schwere Folgen nach sich ziehen kann.

Gerade in einer Phase der schrumpfenden Unternehmensgewinne hätte die konjunkturelle Wirkung der vermögensabhängigen Steuern stärker berücksichtigt werden, es hätten Konjunktur und Finanzpolitik in diesem Punkt besser koordiniert werden müssen. Die Abschaffung der Abzugsfähigkeit der Vermögensteuer bei der Einkommensteuer im Abschwung erschwert nicht unerheblich die von der Regierung versuchte Konjunkturbelebung.

3. Die hohe Konjunkturbedeutung der vermögensabhängigen Abgaben könnte dazu anregen, sie *im Rahmen der Steuerpolitik in verstärkter Form antizyklisch als Konjunkturlenkungsinstrument einzusetzen:* Diese Abgaben wären dann im Aufschwung anzuheben, im Abschwung zu senken.

Dem steht jedoch die Langfristigkeit vieler und vor allem der großen Investitionsentscheidungen entgegen. Bei solchen Projekten ist mit Anlaufzeiten von mehreren Jahren zu rechnen, ebenso mit längeren Amortisationsperioden. Während dieser ganzen, langen Zeit kann sich die Konjunktur ändern; wenn dann jedoch jeweils steuerlich „umgeschaltet" würde, so käme dies für die laufenden Projekte nicht zum Tragen, jedenfalls könnten und würden die Unternehmen ihre Investitionspolitik nicht rechtzeitig darauf einstellen. Sie würden neue Investitionen beschließen und vorbereiten auf Grund der veränderten Steuerbelastung — die wiederum zur Ausführung kämen, wenn sich Konjunktur und Steuerlast erneut geändert hätten, usw., usf. — für Konjunkturlenkung immer zu spät. Damit aber würde die Konjunkturwirksamkeit solcher Steuerpolitik an der zeitlichen Verzögerung durch den Investitionsprozeß scheitern, ganz abgesehen von den weiteren Verzögerungseffekten, die von der Steuerverwaltung ausgehen, welche in einem Rechtsstaat notwendig weniger flexibel ist als marktbestimmte Konjunkturentwicklungen.

Die Steuerpolitik mit vermögensabhängigen Steuern ist also kein Konjunkturinstrument, sondern eine Konjunkturgefahr. Ihr kann nicht ad hoc, sondern nur generell, vor allem durch eine Verminderung der vermögensabhängigen Steuerlast, entgegengewirkt werden. Sie wäre in jedem Fall eine wichtige Vorbereitung und Unterstützung antizyklischer Wirtschaftspolitik.

VI. Inflation durch Steuern?

1. Inflationierend wirkt die Steuerlast vor allem dann, wenn es den Unternehmen gelingt, die Belastung *über die Preise abzuwälzen*. Von den Vertretern der Wirtschaft wird allerdings diese Möglichkeit gerade in einer Rezessionsphase skeptisch beurteilt. Erhebliche Kostensteigerungen, wie sie etwa durch die Nichtabzugsfähigkeit der Vermögensteuer entstünden, ließen sich durch Preiserhöhungen nicht ausgleichen. Die Unternehmer ziehen noch immer Anhebungen der Mehrwertsteuer vor. Sie gehen davon aus, daß sie diese abwälzen können. Sie müssen zwar in zunehmendem Maße mit Rückwälzung rechnen, sehen aber noch immer Möglichkeiten, diese wieder in den Preisen auffangen zu können.

2. Der steuerliche *Inflationierungseffekt verstärkt sich spiralförmig*, wenn die *Rückwälzung* der von den Unternehmern abgewälzten Steuerlast im sozialen Verteilungskampf gelingt. Wenn die Gewerkschaften Preiserhöhungen über durchgesetzte Lohnforderungen an das Produktivkapital zurückgeben können, wird dieses eine erneute Abwälzung versuchen, usw., usf. Insoweit ist es dann gleichgültig, welche Steuer erhöht wird — das Gesamtvolumen der Belastung wird, zusammen mit anderen Lasten, hin- und hergeschoben. Auch aus der zeitlichen Verzögerung einer eventuellen Rückwälzung profitieren die Unternehmer nur in Grenzen, wenn die Gewerkschaften bereits künftig zu erwartende Preissteigerungen in ihre Lohnforderungen aufnehmen.

Bei den Tarifverhandlungen spielen bisher Steuerbelastungen eine nach Branchen unterschiedliche Rolle. Den Sozialversicherungslasten kommt bislang bei der Begründung von Lohnforderungen größeres Gewicht nicht zu. Neuerdings werden jedoch steuerbedingte Mehrbelastungen der Arbeitnehmer in zunehmendem Maß ins Feld geführt, bis hin zur Mineralölsteuer. Es ist daher damit zu rechnen, daß sich die rückgewälzte Steuerlast der Unternehmen über Lohnforderungen verstärken wird — was wiederum das Gewicht der vermögensabhängigen Steuern angesichts der schrumpfenden Gewinne steigen läßt.

Die Ergebnisse all dieser Hin- und Herwälzungen der Steuerlast — und damit deren Inflationseffekt — sind nicht zuletzt von den gesellschaftlichen Machtverhältnissen abhängig und lassen sich schon deshalb nicht generell bestimmen oder gar voraussehen. Je mehr jedoch die Belastungen anwachsen, desto eher ist mit ihrer wenigstens teilweisen Ab- und Rückwälzung, infolgedessen aber mit inflationierender Wirkung zu rechnen.

3. Ein wichtiges inflationsbedingtes Steuerphänomen ist die *Besteuerung von Scheingewinnen:* Abschreibungen erfolgen über Jahre nach dem (früher niedrigeren) Anschaffungswert, obwohl die (Neubeschaffungs-)Kosten inzwischen inflationsbedingt steigen. Buchmäßig bleibt daher den Unternehmern ein jährlich höherer, jedoch nur scheinbarer Gewinn, wegen der verhältnismäßig immer geringeren Abschreibung. Auch dieser Scheingewinn unterliegt jedoch der vollen Besteuerung.

Erträglich ist dies überhaupt nur insoweit, als dieser steuerliche Inflationsverlust durch die Inflationsgewinne des Unternehmers wieder ausgeglichen wird. Die Inflationsgewinne entstehen für Kreditnehmer dadurch, daß der Zins die Inflationsraten meist nicht voll, jedenfalls nur mit Verzögerung abdeckt. Der Inflationsgewinn zeigt sich als unausgeschiedener Bestandteil des Gesamtgewinns; er ist heute für viele Unternehmen unentbehrlich, damit sie überhaupt noch Gewinn aufzuweisen haben.

Im ganzen kann also von einer vollen Kompensation der Scheingewinnbesteuerung kaum gesprochen werden. Hier verstärkt die Inflation die Steuerlast — wie diese über den Verteilungskampf wiederum die Inflation steigert.

VII. Außenwirtschaft, Wettbewerbsfähigkeit, Steuern

Deutsche Konkurrenten unterliegen der deutschen Steuerlast mit einer gewissen Gleichmäßigkeit, ausländische Wettbewerber nicht. Daraus entstehen für deutsche Unternehmer Wettbewerbsnachteile. Umgekehrt bietet das Ausland deutschen Unternehmern die Chance, sich durch Kapitalverlagerung steuerlich günstigere Produktions- und Absatzmöglichkeiten zu schaffen.

1. *Ausländische Konkurrenten* haben heute in nicht wenigen Branchen *steuerbedingte Wettbewerbsvorteile* gegenüber deutschem Produktivvermögen. In vielen Ländern ist zwar die ertragsabhängige Steuerlast höher als in der Bundesrepublik, sie wird aber durch weitgehende Abschreibungsmöglichkeiten erheblich gemildert. Schwedische Unternehmen etwa stehen daher häufig besser als ihre deutschen Konkurrenten. In einer Phase der Rezession fällt ferner entscheidend ins Gewicht, daß die Last der vermögensabhängigen Abgaben im Ausland meist geringer ist, was etwa dem englischen Schiffbau Vorteile bringt.

Bei anhaltender Rezession muß die staatliche Finanzpolitik mehr als bisher bestrebt sein, steuerliche Wettbewerbsnachteile, vor allem bei den vermögensabhängigen Steuern, durch Tarifsenkungen oder Steuervergünstigungen auszugleichen.

2. Dies ist um so mehr erforderlich, als Wettbewerbsnachteile früher von deutschen Unternehmen wegen der *Unterbewertung der D-Mark* weit leichter als heute getragen werden konnten. In einer veränderten Außenhandelslage, die ohnehin schon durch verschärften Wettbewerb gekennzeichnet ist, darf der Staat nicht die neue Aufwertungslast durch die alte oder gar durch eine erschwerte neue Steuerbelastung verstärken.

3. Häufig wird die Gefahr der „*Kapitalflucht*" *aus Steuergründen* beschworen. In Wahrheit handelt es sich meist nicht so sehr um eine „Flucht", über die etwa ein ökonomisches, rechtliches oder gar moralisches Unwerturteil zu fällen wäre, sondern um legale und wirtschaftlich sinnvolle Kapitalverlagerung ins Ausland. In erster Linie sind dafür meist gar nicht Steuer-, sondern Kostenüberlegungen maßgebend (niedrigere Löhne, geringere Transportkosten). Nicht selten geht es auch um Absatzsicherung, Marktpräsenz überhaupt.

Wenn sich die Steuerbelastung, insbesondere in der Rezession, weiter verschärft und die Steuerpolitik nicht Wettbewerbsfähigkeit zum Ausland herstellt, so werden allerdings Unternehmen in steigendem Maße auch steuerbedingte Verlagerungen vornehmen, was gesamtwirtschaftlich nicht immer sinnvoll und gerade für die staatlichen Finanzen eine Belastung wäre.

VIII. Verringerung der Belastung?

Der Finanzbedarf des Staates wird voraussichtlich in nächster Zeit eher steigen als sich vermindern. Die Wirtschaft muß sich darüber im klaren sein, daß großzügige Steuererleichterungen politisch kaum werden durchzusetzen sein.

Dennoch wird die Steuergewalt, insbesondere bei anhaltender Rezession, auf die Leistungsfähigkeit der Betriebe Rücksicht nehmen und vor allem investitionssteigernde und mittelstandsfreundliche Erleichterungen ins Auge fassen müssen.

1. Ein allgemeines Problem von zentraler Bedeutung ist hier, ob *Tarifsenkungen oder Steuervergünstigungen*, insbesondere über Abschreibungen, anzustreben sind. Inwieweit kann insbesondere die Beibehaltung oder gar Erhöhung gegenwärtiger Steuertarife durch erweiterte Vergünstigungen ausgeglichen werden?

Da Tarifsenkungen weit weniger politische Verwirklichungschancen haben als eine Ausweitung der Steuervergünstigungen, geht es in erster Linie um deren Erleichterungseffekt. Hier besteht zwar Einigkeit darüber, daß das Ausmaß der gegenwärtigen Vergünstigungen nicht unerheblich ist — wofür auch etwa die geringe Steigerung des Aufkommens der Körperschaftsteuer spricht — und als solches jedenfalls beibehalten werden sollte. Nicht einheitlich und vor allem nach Branchen verschieden ist jedoch die Beurteilung der Chancen, künftig bedeutsame Erleichterungen durch verstärkte Abschreibungsmöglichkeiten zu erreichen. Nicht zuletzt würden sie auch von der Steuerlage der jeweiligen ausländischen Konkurrenz abhängen. Darüber hinaus sind sie insbesondere nach Rechtsform der Unternehmen (Personalgesellschaft — juristische Person) unterschiedlich. Bisherige Erfahrungen sprechen dafür, daß sie letztlich eben doch vor allem örtlich und zeitlich begrenzt wirksam werden. Bei ungünstiger Wirtschaftslage ist damit einer großen Zahl von schwer belasteten Unternehmen nicht ausreichend zu helfen. Immerhin bleibt dem Gesetzgeber Gestaltungsfreiheit, er kann durch Verallgemeinerung von Vergünstigungen im Ergebnis partielle Quasitarifsenkungen bewirken.

2. Einigkeit besteht zwischen Theorie und Praxis über die Notwendigkeit, einen *Verlustrücktrag* zu gestatten. Wenn es einen Verlustvortrag gibt, so ist steuersystematisch nicht begründbar, weshalb der Rücktrag verwehrt sein sollte. Gerade bei stärkeren Konjunkturschwankungen entspricht der Verlustrücktrag den Gegebenheiten der Praxis, die Unternehmensentwicklung über einen längeren Zeitraum zu berücksichtigen. Allerdings darf die Erleichterungswirkung einer solchen Maßnahme auch nicht überschätzt werden; oft geht es hier nur um ein Liquiditätsproblem.

Abzulehnen ist die quantitative Beschränkung des Verlustrücktrags; für sie läßt sich eine überzeugende Begründung nicht finden. Hier sollte nicht der Versuch einer Mittelstandspolitik gemacht werden, welche der ökonomischen Logik widerspräche.

3. Eine effektive Erleichterung wäre die *Wiedereinführung der Abzugsfähigkeit der Vermögensteuer bei der Einkommensteuer.* Sollte keine günstigere konjunkturelle Entwicklung einsetzen, so wird darüber, früher oder später, gesprochen werden müssen, um eine wichtige prozyklische Steuerwirkung aufzuheben, die den Aufschwung erschwert.

Zusammenfassend läßt sich aus ökonomischer Sicht sagen: Es gibt Grenzen der Belastbarkeit des Produktivvermögens. Sie liegen vor allem dort, wo es zu steuerbedingtem Investitionsverzicht kommt. Nettogewinn in Höhe des Kapitalmarktzinses sollte in aller Regel belassen werden, um die Finanzierung nicht zu gefährden. Mehr als bisher müssen die konjunkturellen Aspekte und die inflationierenden Wirkungen starker Abgabenbelastung bedacht werden, ebenso die Notwendigkeit, dem Ausland gegenüber wettbewerbsfähig zu bleiben.

IX. Rechtliche Grenzen steuerlicher Belastbarkeit des Produktivvermögens

1. Schranken für den Steuergesetzgeber können sich nur aus dem Grundgesetz oder höherrangigem ungeschriebenen Recht ergeben. Die Steuergewalt darf vor allem nicht die Grundrechte verletzen; die bedeutsamste Schutznorm für den Steuerbürger ist Art. 14 GG, der das Privateigentum vor staatlichem Zugriff sichert.

Die bisher weitverbreitete Auffassung, daß Abgaben, die ja nur eine Geldzahlungsverpflichtung der Steuerschuldner begründeten, begrifflich die Eigentumsgarantie nicht berühren könnten, wird heute kaum noch vertreten. Als verfassungswidrig werden allgemein nicht nur Erdrosselungs-, sondern auch konfiskatorische Steuern angesehen, die nur „aus der Substanz" bezahlt werden können. Grundsätzlich kann der Konfiskationseffekt auch in einer Kombination von ertrags- und vermögensabhängigen Steuerbelastungen auftreten.

2. Neuerdings wird allerdings angenommen, die Wirkungen der ertrags- und vermögensabhängigen Abgaben dürften bei der Beurteilung einer möglichen Konfiskationswirkung nicht kumuliert, sie müßten getrennt betrachtet werden. Die Substanzgarantie gelte allenfalls gegenüber den Ertragsteuern. Ziel der Vermögensteuer aber sei ja gerade eine „Abgabe aus der Substanz", was ja auch dann keine verfassungswidrige Konfiskation darstelle, wenn ein Ertrag nicht vorhanden sei (Kunstwerke). Die steuerrechtlich entscheidende „Leistungsfähigkeit" liege dann eben in der Innehabung des vermögenswerten Gutes. Wenn daher Vermögens- und Ertragsteuerlasten, zusammengerechnet, zu Substanzverlust führten, so sei dies nicht zu beanstanden. Diese Auffassung ist, in ihren Konsequenzen vor allem, nicht unbedenklich. Sie beruht letztlich auf der früheren Auffassung von der Freiheit des Steuergesetzgebers, der durch Abgabenlast die Eigentumsgarantie nicht verletzen könne. Daß dem Bürger laufend durch Steuern Eigentumssubstanz, in absehbarer Zeit vielleicht sein gesamtes Eigentum entzogen werden darf, kann mit der Eigentumsgarantie nicht vereinbar sein. Die Substanzgrenze muß auch bei Kumulationswirkung mehrerer Steuern bestehen bleiben; substanzeingreifende Vermögensteuern bedürfen jedenfalls besonderer Rechtfertigung — die nicht allein im Substanzbesitz gesehen werden kann — und sind allenfalls in engsten Grenzen zulässig. Dies wird auch von der erwähnten neueren Auffassung insoweit grundsätzlich anerkannt, als hier ein Recht auf Härteerlaß eingeräumt wird.

3. Nicht jeder steuerliche Substanzeingriff im Einzelfall kann allerdings sogleich auch zur Verfassungswidrigkeit der zugrunde liegenden Steuergesetze führen, die ja in zahllosen anderen Fällen zu einer substanzschonenden, verfassungsgemäßen Besteuerung führen und mit dieser Absicht auch erlassen worden sind. Hier will man neuerdings mit einem Anspruch auf Härteprüfung, gegebenenfalls -erlaß helfen. Dies allein kann jedoch nicht genügen. Wenn bei konfiskatorischen Besteuerungen stets nur der Einzelfall, nie die in ihm angewendete Steuernorm über-

prüft würde, könnte die Verfassungswidrigkeit der Normen überhaupt nicht mehr festgestellt werden. Entscheidend ist daher, ob die konfiskatorischen Steuerwirkungen einen Bürger unausweichlich und über einen längeren Zeitraum hin verletzen. Die schwierige Aufgabe der Rechtsprechung liegt darin, die Anpassungslast an die Steuergesetzgebung festzulegen, die jeden Bürger trifft, ebenso den in die Beurteilung einzubeziehenden Zeitraum.

Erschwert wird dies noch dadurch, daß in der Regel nur über *eine* Steuer, nicht über mehrere zugleich zu entscheiden ist, obwohl gerade deren kumulierter Effekt meist zur Konfiskation führt.

Das Problem der steuerlichen Belastbarkeitsgrenze ist insgesamt rechtlich heute noch nicht befriedigend gelöst. Die grundsätzlich anerkannte Substanzschranke droht durch eine isolierende Betrachtung der Belastungen aus verschiedenen Steuern illusorisch zu werden. Von entscheidender Bedeutung wird es sein, welche Rechtfertigung bei den vermögensabhängigen Steuern gegenüber der Eigentumsgarantie anerkannt wird, und ob ein „Recht auf Härteausgleich" zu einer allgemeinen Sicherung der Substanz gegen kumulierte Steuerwirkung weiterentwickelt wird.

Letztlich wird die „Substanz" stets, aus der Eigentumsgarantie heraus, eine wesentliche Schranke der Steuergewalt bleiben. Wie und wo immer aber die Grenzen im einzelnen gezogen werden — daß es sie rechtlich geben muß, daran wird man ernstlich nicht zweifeln können, solange es diesen Staat gibt.

       Werner Ehrlicher Walter Leisner

Printed by Libri Plureos GmbH
in Hamburg, Germany